Das Buch

»Gisela und ...
de oder jeder von uns kennt eine Gisela. Was ist aus ihr geworden? Isabella Nadolny gelingt es, auf knappstem Raum Menschen und Schicksale treffsicher und liebevoll zu schildern: die Mitschülerin, die von ihrem Geliebten verlassene Frau, den vor Einfällen übersprudelnden Erfinder, die österreichische Adelige, die sich in Nächstenliebe übt. Sie erzählt von Maria Theresia und der Königin Johanna von Spanien, dem Kaiser von Haiti und einem Besuch im Altersheim... Das Herz, sagt Balzac, hat sein eigenes Gedächtnis.

Die Autorin

Isabella Nadolny wurde am 26. Mai 1917 als Tochter eines aus Moskau stammenden Malers in München geboren. Sie lebt heute am Chiemsee. Werke u. a.: ›Ein Baum wächst übers Dach‹ (1959), ›Seehamer Tagebuch‹ (1962), ›Vergangen wie ein Rauch‹ (1964), ›Der schönste Tag‹ (1980), ›Providence und zurück‹ (1988).

Isabella Nadolny

Durch fremde Fenster

Bilder und Begegnungen

Deutscher
Taschenbuch
Verlag

Von Isabella Nadolny
sind im Deutschen Taschenbuch Verlag erschienen:
Ein Baum wächst übers Dach (1531; auch als
dtv großdruck 25058)
Seehamer Tagebuch (1665; auch als dtv großdruck 2580)
Vergangen wie ein Rauch (10133)
Providence und zurück (11392; auch als dtv großdruck 25074)

Oktober 1996
Deutscher Taschenbuch Verlag GmbH & Co. KG,
München
© 1967 (unter dem Titel ›Allerlei Leute, auch zwei Königinnen‹)
Paul List Verlag KG, München
© 1987 (durchgesehene und erweiterte Neuauflage unter dem Titel
›Durch fremde Fenster‹) Paul List Verlag, München
ISBN 3-471-78223-0
Umschlagbild: ›Barbara‹ (ca. 1940) von Charlotte Salomon
(© Charlotte Salomon Foundation; Jüdisches Historisches
Museum, Amsterdam)
Gesetzt aus der Garamond 12/14˙ (Word für Windows 6.0)
Gedruckt auf säurefreiem, chlorfrei gebleichtem Papier
Gesamtherstellung: C. H. Beck'sche Buchdruckerei,
Nördlingen
Printed in Germany · ISBN 3-423-25118-2

Vorwort

Von den vielen Gegenständen in Museen und Sammlungen sind mir oft nur diejenigen in Erinnerung geblieben, die ich besitzen oder verschenken wollte. Es waren nicht die kostbarsten und nicht die wichtigsten. Auch in dem Buch, in das ich Gedichte einklebe, steht das Ewige neben dem kleinen Spaß, durch nichts miteinander verbunden, als daß beides mich irgendwann einmal persönlich angerührt hat. In einer Zusammenstellung von allerlei Leuten, denen ich begegnet bin, ist es ebenso. Das Herz, sagt Balzac, hat sein eigenes Gedächtnis.

Inhalt

Vorwort 7

Aus der Tanzstunde 9
Editha 13
Porträt einer Italienerin 18
Ein Franzose 23
Carola oder die Not am Wege 28
Die treue Magd 33
Ein Unbekannter 39
Prinzessin May, später Königinmutter Mary
    genannt 42
Maria Theresia 68
Königin Johanna von Spanien 89
Der Kaiser von Haiti 146
Schwester Margalida 158
Samuel Fischmann 162
Eine Mitschülerin...................... 166
Die Axt 170
Neben einem brennenden Haus 173
Denise oder Ballade auf dem Montparnasse . . 177
Ein Altersheim 180
Stokowski 185
Eine Diva namens Maria 189
Eine Dichterehe 1836 203

Mirko oder das Allerwichtigste 209
Petra, ein Mädchen aus Norwegen 215
Der Heini 220
Ein Millionär 225
Tatjana Gsovsky 232
Henry von Heiseler 237
Erbslöh 243
Clemens oder das jüngste Gericht 248

Aus der Tanzstunde

Wir nannten ihn Jonny, in Wirklichkeit hieß er ganz anders. Der Name stammte aus einem Schlager, den Marlene Dietrich mit gutturaler Stimme sang, und gab ihm etwas Verruchtes. Alles Verruchte stand bei uns in der Tanzstunde hoch im Kurs. Er war neunzehn, wunderschön und freundlich. Er tanzte gut. Seine Augen waren leuchtend blau. Er hatte alle Macht über mich, die man über eine Fünfzehnjährige haben kann. Ich versuchte, durch blasiertes Getue zu verschleiern, wie sehr er mir gefiel. Er war von Spöttern umgeben, und es galt als kindisch, fast als beschränkt, in jemanden verliebt zu sein. Man mußte sich weltgewandt geben, überlegen, jeden Witz belachen, auch ziemlich haarige. Vor jeder Tanzstunde schlug mein Herz wie eine Pflasterramme. (Die Straße von der Trambahnhaltestelle zur Tonhalle hat dies Gefühl bis heute bewahrt.) Die Tänze mit den anderen Knaben habe ich nicht wahrgenommen.

Wenn er mich aufforderte, lohnte es sich, geboren zu sein. In der Spiegelwand des Übungssaales konnte ich über seine Schulter hinweg kontrollieren, ob ich bei meiner wilden Seligkeit das vorgeschriebene, gelangweilte Gesicht machte. Nach der Tanzstunde verschwand er im eigenen Wagen, was schon fast an Aschenbrödels Kutsche erinnerte, in einen Alltag, den ich nicht kannte, in einem fremden Stadtteil. Ich wußte nicht, was ihn interessierte, was er las, mit wem er umging. Ich wünschte mir glühend, ihm unvermutet in Gesellschaft zu begegnen. Ich wünschte, mich in seinen Augen auszuzeichnen. In meinem Bemühen, mich während unseres kurzen Zusammenseins interessant zu machen, die anderen aber nichts merken zu lassen, benahm ich mich verkrampft und unsicher. Es war sehr schlimm, daß mir, solange er da war, kein einziges Kleid gut stand.

Vor Angst, zudringlich zu wirken, wagte ich auch keine einzige persönliche Frage zu stellen. Einmal sammelte ich eine halbe Stunde lang Mut, um ihn zu fragen, was für ein Rasierwasser er benutze. (Meiner Nase ist diese faszinierende Mischung aus Vanille, Siegellack und Heu seitdem nirgends mehr begegnet.) Eine solche Frage wäre wie ein Sprung vom Zehnmeterbrett gewesen – sie unterblieb. Auf allen Gebieten war er der Realität entzogen.

Zu Hause seinen Namen nicht beständig zu nennen war so schwer, wie ein Dutzend Kirschkerne im Mund zu behalten. Ich schnitzte ihn vor mir in die Schulbank. Bei Klassenarbeiten trug ich ein Kärtchen in der Tasche, auf das er Name und Telephonnummer eines belanglosen Dritten gekritzelt hatte. Ich hatte keinen besseren Fetisch.

Dann war die Schule zu Ende, auch die Tanzstunde. Es kamen noch ein paar Abschlußfeste, wir gingen alle unserer Wege. Jahrzehntelang wußte ich seinen Geburtstag, die Nummer seines Autos, sämtliche Schlager, nach denen wir miteinander getanzt hatten. Ich kann seinen Siegelring beschreiben und seinen Wintermantel (der mit Murmelklaue gefüttert war), aber ich kann mich an nichts erinnern, was wir miteinander gesprochen haben. Haben wir denn immer geschwiegen?

Die Erwachsenen fanden es möglich, ja wahrscheinlich, daß er uns einmal draußen auf dem Lande besuchen würde. »Ja, ja«, sagte ich und wußte es besser. Einmal fand ich an der zu uns führenden Autostraße eine weggeworfene Zigarettenpackung, wie er sie rauchte, eine Chiffre für die Möglichkeit eines Wunders. Doch er kam nicht.

Wunder geschehen zu ihrer Zeit, nämlich zur falschen. Neulich hatte ich Grippe und war allein im Haus. Mühsam und zerzaust kroch ich aus dem Bett und zur Tür, weil es klopfte. Draußen stand Jonny, dreißig Jahre zu spät. Nur eine Sekunde lang sah ich ihn objektiv, weil ich nicht wußte, wer er war. Ich stellte fest, daß er bildschön und freundlich war und seine Augen etwas blauer, als ich sie in Erinnerung gehabt hatte.

Dann fiel alles ins alte Gleis zurück. Ich war wieder fünfzehn, verwirrt, ungeschickt. (Diesmal konnte ich es auf das Fieber schieben.) Schon heute weiß ich nicht mehr, worüber wir überhaupt gesprochen haben.

Editha

Als ich Editha kennenlernte, gehörte sie seit Jahrzehnten zum Maler-Freundeskreis der Eltern. Sie trug Herrenschnitt, obwohl ihr Haar schon grau war, und legte ihre kugelförmigen schwarzen Ohrringe niemals ab. Klein, zierlich, nicht hübsch, aber lebhaft, wirkte sie exzentrisch, ohne es zu sein. Ehe sie verhältnismäßig spät im Leben den Maler Alexander Kanoldt heiratete, hatte sie in Paris studiert und gemalt. Sie hatte außergewöhnlich viel gelesen, wußte viel, aber man konnte ihr immer Neues bringen. Sie, Alex Kanoldt und ihre beiden Töchter, untereinander tief verbunden, lebten ein amüsantes Leben ohne Sensationen, aber auch ohne grauen Alltag. Schon früh löste Editha das Babysitterproblem dadurch, daß sie die Kleinen überall hin mitnahm: auf Gesellschaften, auf Bergtouren. Die Mädel wurden dadurch nicht frühreif; es schien eher, als hielten sie die Eltern kindlich. Wenn Editha am Telephon sagte: »Heute gehen wir alle nur unseren häuslichen Verrichtungen nach«, so klang es zugleich ironisch und beneidenswert. Zu viert fuhren sie durch die Gegend, ihr Auto eine Festung gegen alles Draußen, eine fahrende, in sich geschlossene, kleine Welt.

Alex Kanoldt fuhr nach Berlin, bekam die Grippe, telegraphierte Editha herbei. »Du hast ja nichts zum Essen da, ich gehe einholen«, sagte sie. Als sie zurückkam, lag er tot im Bett.

Ich traf sie bei der Aussegnung im Krematorium, in Schwarz, einem verschwollenen, häßlichen Vogel gleichend. Sie haßte solche schlimmen Feiern, absolvierte auch diese in vorbildlicher Haltung, um keinem das Herz schwerer zu machen als nötig. Danach aber hieß es warten: auf den Zug nach München, die Überführung der Urne, das Wiedersehen mit den Töchtern. Wir legten sie bei Bekannten auf die Couch, setzten uns um sie und erzählten einander die herrlichen Anekdoten, Witze, Aussprüche Kanoldts. Sie selbst gab uns die Stichworte. »Ach, redet doch noch ein bißchen weiter«, bat sie und schlief augenblicklich ein, erwachte unbemerkt bei einer Pointe. »Ja, stimmt genau«, sagte sie und lachte mit uns, im gleichen gedämpften, etwas kehligen Diskant, in dem sie geschluchzt hatte. Als wir ihrem Zug nachblickten, sagten ihre Freunde mitfühlend, aber ehrlich: »Sie wird zurechtkommen. Auch im Schmerz gibt es Dumme und Gescheite.«

Sie lebte dann mit den Töchtern in einer Münchner Wohnung gegenüber der Akademie. Die Mädel bezogen all ihre Stärke von Editha. Kanoldts wurden ausgebombt, konnten fast nichts retten, zogen irgendwo in eine Art Atelier im fünften Stock. Das Treppenhaus war ein Alptraum, die Stiege neigte sich nach innen, man fürchtete immer, mit ihr abzustürzen. Editha hatte den Raum unterm Dach mit Hartplatten unterteilt, wohnte zwischen Geborstenem, Verrostetem, Zusammengeborgtem, lachte mit den Töchtern darüber, die zu schönen großen Mädchen geworden waren, dem Vater recht ähnlich, ließ sie auf literarischen Abenden den gespendeten Kartoffelsalat herumreichen, lebte von fast nichts. An den so wenig geräuschdichten Wänden hingen Kanoldts Bilder, seine Palette, im Topf davor standen die Pinsel, der Staub senkte sich darauf. Die drei Damen schienen ihre Interessen ganz aufeinander abgestimmt zu haben. Es war der fröhlichste Ort Münchens.

Die jüngere Tochter starb an einer schweren Grippe. Ein Jahr später bekam die ältere, Historikerin und ein sprühendes Temperament, spinale Kinderlähmung. Die eiserne Lunge konnte sie nicht retten. Vergeblich versuchten die Armen Schulschwestern durch Gebete, sie dem Tode abzulisten.

Als ich Editha wiedersah, saß sie allein neben dem Kanonenofen, dessen Rohr sich in den Regionen der Spinnen und des Staubes verlor, in ausgebeulten Männerhosen, grau, mit Herrenschnitt, die schwarzen Kugelohrringe in den Ohrläppchen, an den Füßen zu große braune Sandalen. »Du bewunderst meine modischen Nuancen?« sagte sie. »Nun, ich gehe ja nur noch ins Speisehaus gegenüber.« Noch immer interessierte sie sich für alles, über alles konnte man mit ihr reden, selbst über das, was sie betroffen hatte. »Ja«, sagte sie und weinte, »es ist schrecklich, aber irgendwie logisch. Ich bin die Kräftigste, also bekam ich das Schwerste aufgelastet: das Übrigbleiben. Nein, danke, ich komme nicht zu euch hinaus, ich kann jetzt nicht weg. In diesen Tagen haben meine Töchter Geburtstag, und da möchte ich hier in der Wohnung sein.« Die Familie war eine Einheit gewesen und geblieben.

Kurz nach Mamas Tod übernachtete ich bei Editha. Das Atelierfenster war blind vor Ruß, der Stöpsel im winzigen Ausguß hielt noch immer das Wasser nicht. Nachts kam Editha an mein Bett, um sich ein Buch zu holen. Sie schlief fast gar nicht mehr. »Nun wünschest du dir, ich wäre deine Mutter Stella«, sagte sie mit dem hohen Gluckern, das nicht zu einem Lachen gedieh, »und ich wünsche mir, du wärst eine von meinen Mädels. Tja, beim lieben Gott gibt's eben keinen Konjunktiv.«

Vier Wochen später rief ich sie an. Sie sprach noch leiser als gewöhnlich, fragte angelegentlich nach allem, was mich betraf. Über sich selbst sagte sie bloß: »Ach, weißt du, je näher man der Sache kommt, desto geheimnisvoller wird sie.« Es bedurfte keiner Erläuterungen. Ob ich sie besuchen dürfe? »Heute lieber nicht, vielleicht ein andermal«, sagte sie mit einem Lachen zwischen Zärtlichkeit und Spott. Es gab kein andermal.

Porträt einer Italienerin

Fortunata lebt an einer Treppe. Sie kann keinen Schritt tun, der nicht aufwärts oder abwärts führt, und vielleicht bestimmt das ihr Bild von der Welt. Ganz drunten liegt das Meer, von dem ihre Vorfahren gelebt haben und das jetzt kaum noch den Fischmarkt ausreichend versorgt; daran schließt sich der Teil Positanos, der dem Fremdenverkehr geweiht ist, und dann beginnen die Stufen. Oberhalb von Fortunata kommen nur noch der Friedhof und die Felsenschlünde des Monte Sant' Angelo. Wenn Fortunata dort hinaufsteigt, nimmt sie eine abscheuliche Papierblume mit und deponiert sie auf dem Zementbüfett, in das man die Särge ihrer Eltern und ihrer beiden Totgeborenen geschoben hat. Hier oben sind die Toten weitgehend ungestört. Tief unter ihnen kämpft Positano um jeden Quadratmeter Boden, steigen die Grundpreise, tragen Männer im Pantherschritt behauene Balken, jaulen die Betonmischmaschinen. Der Nonno und die Nonna aber haben Zeit und kehren nach Jahrzehnten, in Elemente verwandelt, mit dem Regen zu ihren lebendigen Nachkommen zurück.

Fortunata weiß, daß ich kein Italienisch kann.

Sie fände es jedoch wenig höflich, mich um dieses Fehlers willen mürrisch anzuschweigen. Während sie in meinem Zimmer aufräumt, spricht sie viele rasche Sätze, in denen das Wort Signora vorkommt, schiebt wohlwollend, aber verständnislos den Krimskrams beiseite, der mich umgibt, diese Bücher und Pillen, Sonnenöle und dunklen Brillen. Sie gießt die Blumen, lehnt sich aus dem Fenster, weist mir unter der wuchtigen Kruppe die teigigen Kniekehlen, die Krampfadern. Ihre stets bloßen Füße sind brauchbare Werkzeuge, die Zehen beweglich und fest an den Boden gestemmt. Wenn sie sich aufrichtet, steht sie etwas hintenübergelehnt, als gälte es, ein Gewicht auszugleichen. Vielleicht hat sie es sich während ihrer Schwangerschaften so angewöhnt. Von irgendwelchen einschnürenden Figurverbesserern hält sie nichts, ihr Fleisch quillt und hängt, wie es will. Ihr Schweiß tränkt das billige Kunstseidenkleid; man kann förmlich sehen, wie mürbe es davon wird. Sie ist Anfang Dreißig, ich habe sie für mindestens vierzig gehalten. Wenn sie bei mir fertig ist, verläßt sie das Haus, um einkaufen zu gehen. Leise singend versinkt sie in der Treppenschlucht, im Schrillen der Zikaden. Über die Mauern zu beiden Seiten hängt der Efeu wie grünlederne Schneewächten.

Fortunata hieß mit Mädchennamen Cinque

(Fünf) und ist somit Nachfahrin jener sagenumwitterten Rotte, die vor Hunderten von Jahren vom Meere kam, sich in Höhlen des Gebirges versteckt hielt und von den Töchtern des Landes durchgefüttert wurde. Sie revanchierten sich auf ihre Weise. Es gab keine unfruchtbaren Ehen mehr. Die bisher ungesegneten Hausfrauen stiegen in die Berge hinauf und setzten sich, den Rücken zum Meer, vor eine Höhle. Götter, so hieß es, hausten dort. Sie hausten auch unter den Jungfrauen, schien es. Man trug ledige Kinder als mit Sicherheit von den »Fünfen« stammend unter dem Nachnamen Cinque ins Taufregister ein. Bald war ein Großteil Positanos miteinander verwandt.

Nach vierzehntägiger Bekanntschaft lädt mich Fortunata zu sich ein. Ihre Wohnung ist das Kellergeschoß des höher am Berg gelegenen Hauses, oder der Oberstock des tieferliegenden. Vor der Tür stehen Kalkeimer, es wird noch immer, oder schon wieder, umgebaut. Im Vorraum steht ein zugedecktes Reservebett, der Kinderwagen, die Vespa des Bruders. Die Böden sind aus Keramikfliesen, die Schritte hallen, man hat Bedenken, einen Stuhl energisch zurückzuschieben. Die Füße der Kinderbetten sind vorsichtshalber mit Stoff umwickelt. An den weißgetünchten Wänden hängen briefmarkenklein die Buntdrucke öliger Heiliger neben dem Jagdgewehr von Fortunatas Mann. Im Radio beklagt jemand seine Verliebtheit, bei den hohen Tönen brummt der Blumentopf mit. Solche Liebe hält sich nur im Film, in den Reklamen. Für Fortunata hat sie sich, wie auch der Einfluß der Heiligen, im Alltag aufgelöst wie Salz im Meerwasser. Man darf nicht zuviel erwarten, auch von der Madonna im Dom nicht. Bei ihren Anrufungen des wundertätigen Bildes läßt sich Fortunata zu einem Kompromiß herbei. »Madre de Dio«, betet sie, »wenn du mir schon keine größeren Schuhe kaufen kannst, dann krümme mir die Zehen.«

Die Kinder kommen heim, die größeren im schwarzen Lüsterkittel, der Schuluniform. Fortunata zupft an ihnen herum, gibt ihnen Klapse, ruft sie zur Ordnung. Der Achtjährigen fehlen gerade beide Vorderzähne, Luigi hat einen deformierten Schädel und ist zu fett, der Kleine ist kränklich, greift in Fortunatas Rock, weint blökend, drängt sich zwischen ihre gewaltigen Schenkel und wird gescholten. Ich muß währenddessen ein Photoalbum ansehen. Die Kinder stützen sich auf meinen Schoß und schauen mit hinein. »Questa è la Maria«, sagt die Fünfjährige, sich selbst begeistert als Wirklichkeit erkennend, und zeigt auf ihre Babybilder, forscht nach Beifall in meinem Gesicht. Fortunata schwatzt, ich lächle ihr zu. Unser wirklicher Dialog ist stumm. »Gib zu, daß diese Kinder die schönsten der Welt sind!« – »Ja, es sind die schönsten der Welt.«

Ein Franzose

Bei seiner Geburt nahm ihn die aus Rußland mitgeflüchtete Kinderfrau seiner Mutter in Empfang. In Spitzen gehüllt trug sie ihn zur Kirche, wo er den Namen des heiligen Sergius von Antiochia erhielt. Nach griechisch-orthodoxem Ritus tauchte man ihn dabei mit dem ganzen Kopf ins Wasser des Taufbeckens, und er schrie mörderisch. Sein Großvater mütterlicherseits war der Leibzahnarzt des Zaren gewesen, hatte noch in Tobolsk den Großfürstinnen die Zähne plombiert und erlangte später durch Gutachten bei Anastasia-Prozessen eine gewisse Bedeutung. Er erlebte den Enkel jedoch nicht mehr. Serge wuchs in einer Etage des Schaljapinschen Hauses in Paris auf, nicht weit vom Arc de Triomphe, ein ätherisch-schönes Kind, dem man die langen Locken hätte schneiden sollen. Er wurde maßlos verwöhnt. Mutter und Njanja kannten kein Gesetz außer seinen Vorlieben und Abneigungen, liebkosten ihn, stopften ihn voll mit Süßigkeiten. War er ungezogen und schlug um sich, so sahen sie darin ein Zeichen von Charakter. Am schlimmsten trieb es die alles überdauert habende Großmama, eine füllige kleine Dame mit dickgepudertem Gesicht, deren schrille Vogelschreie die Wohnung erfüllten. Sie und die Mutter sprachen immerhin ein Gouvernantenfranzösisch mit Akzent, die Njanja lernte nicht einmal das. Erst mit seinem nachgeborenen Bruder Andrej sprach Serge das Pariser Argot, das man in Kindergarten und Schule brauchte. Er trug die schwarze, hinten geknöpfte Lüsterschürze; auf dem Springbrunnenbecken unterhalb des Trocadéro schwammen seine aus Heftseiten gefalteten Schiffchen. Die Karussells, die in regelmäßigen Abständen die Gehsteige des Quartiers unpassierbar machten, verdienten an ihm und seinem Bruder große Summen.

Als er etwa zwölf war, reiste sein Vater nach Algier und kehrte nicht zurück. Aus den verheimlichten Tränen seiner Mutter, den unverhohlenen Abscheuausbrüchen der Grand'maman ersah er, daß der Vater keineswegs tot war, sondern in Algier mit einer anderen Dame in einem zweiten Haushalt lebte. Er zeigte niemandem, daß er begriffen hatte. Er duldete die Liebkosungen seiner Mutter, für die er schon zu groß war, in Gegenwart seiner Mitschüler und Freunde, ja, er erwiderte sie ostentativ. Die wirtschaftliche Lage der Familie blieb ziemlich unverändert. Seine Mutter Ludmilla trug jetzt von morgens bis spät abends einen weißen Kittel. Sie war als Zahnärztin ausgebildet und eröffnete im Ankleidezimmer von Grand'maman eine Praxis für die russische Kolonie. Die aber hielt sich nicht an Sprechstunden, sondern rief an und kam, wann sie wollte. Manche zahlten hoch, andere mußte man umsonst behandeln. Zwischendurch konnte Ludmilla sich manchmal setzen und schnell in der Küche eine Tasse Tee trinken. Die Njanja räumte abends murrend den vorderen Salon auf, der als Wartezimmer diente.

Serge wurde zu einem eleganten jungen Mann von trockenem Witz. Bis auf die etwas slawisch schrägen Augen unterschied er sich in nichts von anderen jungen Franzosen. Als verspäteten Protest gegen die mädchenhafte Lockenpracht seiner Kindheit trug er die Haare bürstenartig kurz. Seine Lehrer beklagten sich über seine Unverschämtheit, mußten ihm aber für seine Leistungen gute Noten geben.

Kurz vor seinem Abitur kam ein Brief seines Vaters an Ludmilla, in dem dieser, von Heimweh oder schlechtem Gewissen geplagt, mitteilte, er trage sich mit dem Gedanken an Rückkehr. Jedenfalls aber gedenke er ab sofort finanziell zum Haushalt und zu der Erziehung seiner Söhne beizutragen. Was die Jungen denn machten?

Von Ludmilla bekam er keine Antwort, wohl aber von Serge. Der Achtzehnjährige schrieb kurz und höflich. »Wir sind nicht mehr Ihre Söhne,

Monsieur«, hieß es da, »sondern nur mehr die von Mama. Wir brauchen Sie nicht. Wir sind glücklich so. Wir brauchen auch Ihr Geld nicht. Noch verdient Mama, und ich gehe ab November aufs zahnärztliche Polytechnikum. Danach eröffne ich eine Praxis und werde die Familie erhalten. Bei meinem Bruder André, der leider ein schwacher Schüler ist, wird es etwas länger dauern. Er zeigt noch keine Neigung zu einem bestimmten Beruf. Ich begrüße Sie, Monsieur ...«

Wenige Monate danach bestand Serge sein Baccalauréat mit Auszeichnung. Drei Jahre später trat er in die Praxis seiner Mutter ein. Mit dreiundzwanzig eröffnete er seine eigene, er spezialisierte sich als »Chirurgien-Dentiste«. Bei einer Stellprobe zu einem historischen Film Sacha Guitrys sah er ein verblüffend schönes Mädchen namens Isabelle und beendete ihre knospende Karriere durch einen Heiratsantrag. Sie wurden unter Beteiligung der gesamten weißrussischen Kolonie und unter großem Pomp (Grand'maman hatte es sich nicht nehmen lassen, es war auch noch etwas Geld vom Großpapa da) in der Alexander-Newsky-Kathedrale griechisch-orthodox getraut.

Ihre Wohnung liegt nicht weit vom Hause Schaljapin, denn Serge hat seine Praxis in den gleichen Räumen wie seine Mutter und geht zu

Fuß, weil vorm Haus nie ein Parkplatz zu finden ist. Die alles überdauernde Grand'maman bedient manchmal das Telephon und schreit in den Hörer: »Pourrrr Monsieur ou Madame?«

Im Sommer, wenn die Hitze Paris weichkocht, schickt Serge die Mutter in ein Häuschen in Savoyen, er selbst arbeitet weiter und ist in der toten Saison der einzig auftreibbare Zahnarzt des Viertels. »So bändigt man sich Kundschaft an«, sagte er zu mir. Seine schöne Isabelle hat ihm bereits drei Kinder geboren und wünscht sich weitere zwei. Wenn wir in einem Raum seiner viel zu kleinen Wohnung miteinander feiern, tragen wir unter Gelächter das Kinderbett des jeweils jüngsten ins andere Zimmer.

Carola oder die Not am Wege

Carola ist Österreicherin. Sie sagt »Fauteuil« für Sessel und »das Sakko« für Jackett. Sie weiß mit nachtwandlerischer Sicherheit, welche Bluse zu welchem Kostüm paßt, schneidert selbst. Daß sie aus einem mit 120 Stundenkilometern fahrenden Wagen den Schnitt eines Kleides so genau erkennt, daß sie ihn kopieren kann, mag Legende sein. Sie und ihre Brüder gehören zu einem Kreis, den man in ihrer Heimat so ausspricht, als schriebe er sich »Aristokrassie«, ist mit Gott und der Welt verwandt und wird auf Österreichs Schlössern mit dem alten Witz angeredet: »Bist du jetzt die Poldi oder die Marie, oder wie heißen Sie?«

Vor vielen Jahren heiratete Carola einen baumlangen, vermögenslosen Bürgerlichen, zog mit ihm ins Ausland, mußte einmal von vorne anfangen, einmal fliehen und kehrte nach Österreich zurück. Nach kurzer, exemplarisch glücklicher Ehe starb er. Was Carola blieb, waren ihre vier Kinder, ihr Herzleiden, ihre Mittellosigkeit und ihre Talente.

Ihr einst goldblondes Haar ist fahlgrau geworden, beim Nähen trägt sie eine Brille, mit ihrem

Charme kann man immer noch eine Stube erleuchten. Sie lebt völlig zurückgezogen, denn für die Pflege irgendwelcher Kontakte braucht man Geld. Gelegentlich besucht sie nach langem Zureden um der Töchter willen ein Fest bei jenem Personenkreis, den sie als ihre »hoppadatschige Verwandtschaft« bezeichnet. Sie vermag kabarettreif wiederzugeben, wie eine hochfürstliche Cousine mit Brillantentiara im Haar auf sie zutritt und sich beklagt, sie habe im Krieg alles verloren. »Schneegans, blöde«, äußert Carola bündig, aber ohne Bitterkeit, »keine Ahnung hat sie, was das heißt – alles verlieren.«

Vielleicht weil Carola es so genau wußte, was es heißt, trotzte sie eines Tages dem Arztbefehl, wonach sie »es sich a bisserl bequem« machen sollte, stand auf und ging vier Häuser weiter ins Messegelände. Dort waren nach dem Aufstand in Ungarn Ströme von Flüchtlingen eingetroffen, die die Behörden, anfänglich hilflos, in der großen Ausstellungshalle untergebracht hatten. Auf den Boden waren einige Schütten Stroh gebreitet, das unaufhörlich knisterte und schrillte. Über dem übernächtigen, verheulten, mutlosen Menschenhaufen, den schreienden Kindern, den gramvoll verstummten Alten hing eine dichte Staubwolke, die zum Husten reizte. Der Elektroherd des Restaurationsannexes funktionierte nicht.

Bald, ganz bald sollten die Hilfsmaßnahmen des Roten Kreuzes anlaufen.

Carola kehrte um, sie lief Trab, es war, als hätte sie eine Kreislaufspritze bekommen. In der Wohnung angekommen, sagte sie zu ihren Kindern: »Daß ihr's wißt, die Schule fällt für euch heute aus. Du holst mir im nächsten Haushaltsgeschäft sofort zwanzig Babyflaschen mit Saugern. Wenn die Leute sie nicht spenden, sagst ihnen, es wird schon wer bezahlen. Und du leihst dir in der Nachbarschaft zwei, drei Spülwannen, und ihr zwei begleitet mich. Nehmt's den Besen mit und unseren Elektrokocher.« Sie griff sich eine Kittelschürze und ein Kopftuch. Sie krempelte noch im Gehen die Ärmel auf.

Sie ließ Gänge in das Stroh kehren, wärmte unzählige Fläschchen, hörte sich unzählige Leidensgeschichten an, organisierte und verteilte die ersten eintreffenden Liebesgaben, stellte ihre Tochter in den Vorraum der Toiletten und hieß sie unerläßliche Artikel der Frauenhygiene bereithalten. »Die Mütter mit Säuglingen bitte zu mir«, kommandierte sie, »wir wollen versuchen, die Kinder zu baden, höchstens fünf in einem Wasser, die saubersten zuerst, es wird schon gehen.«

Sie, die jahrelang für sich den Mund nicht aufgetan hatte, weil es ihr so entsetzlich war, jemanden zu belästigen, führte diktatorische Telephongespräche: »Ich kann nicht länger warten, schicken Sie in Gottes Namen halt einen neuen Elektroherd! – Wieso kommen die Bettstellen nicht, wenigstens die Alten und die Schwangeren müssen sich hinlegen können! Wo bleiben die Decken! Nein, ich habe keine Vollmachten, ich brauche auch keine!« Sie schlug im Telephonbuch nach und sagte knapp, aber freundlich: »Grüß dich, Mitzi, hier ist die Carola, weißt eh, ich war mit deiner Mutter in der Klasse. – Du hast doch jetzt in das große Wäschegeschäft geheiratet, geh, schick mir doch sofort zwanzig Erstlingsausstattungen, die meisten Flüchtlinge haben nur so Lumpen, die sie in der Eile gegriffen haben. Ja, dank' dir schön, bist lieb.«

Tagelang ging sie nur nach Hause, um etwas zu holen oder ihren Kittel auszukochen. Nie kam sie vor Mitternacht ins Bett. Immer neue Transporte trafen ein. Ein Stadtverordneter fand, man müsse die Flüchtlinge jetzt ausquartieren, denn es müsse programmgemäß eine Ausstellung eröffnet werden. Carola ließ sich zu ihm fahren. »Sind Sie sich eigentlich darüber klar, daß wenige Kilometer von hier hinter der Grenze die Russen stehen?« fragte sie. Sie wirkte hoheitsvoll, man sah plötzlich einige der weitversprengten Gene aus der Erbmasse Maria Theresias wirksam werden. Ihre Sätze begannen zwar mit »Bitt' Sie...«, doch es waren Zurechtweisungen und Befehle. Der Stadtoberste gab klein bei.

Er vergaß den Auftritt übrigens nicht. Monate später, als der Flüchtlingsstrom versiegt und die Belegschaft der Messehalle vom Land aufgesogen war, arrangierte er eine Feierstunde, bei der neben anderen Damen auch Carola einen Orden verliehen bekam. Sie zeigte mir das Kästchen. »Zu blöd«, sagte sie, »was soll das?« und setzte es in den Biedermeierschrank zwischen zwei alte Mokkatassen, die eine habsburgische Vergangenheit hatten.

Die treue Magd

Dort, wo Seeham unwiderruflich zu Ende ist, weil die Kiesgrube kommt, auf der niemand mehr bauen kann, wohnt die Weberliesl. Wir kennen einander seit rund vierzig Jahren und haben in dieser Zeit etwa ebenso viele Sätze gewechselt, weil mehr nicht nötig waren. Die Liesl ist das sechste Kind ihrer Eltern. Der Hof heißt »Beim Weber«, gewebt wird dort seit hundert Jahren nicht mehr. Sie haben nur ein kleines Anwesen und drei Kühe, und insgeheim mag die Weberin gehofft haben, daß dies Kind ihr letztes sei. Es kamen aber noch drei Buben nach.

Das Geburtsjahr der Liesl zeichnete sich dadurch aus, daß der schon fast abgezogene Winter noch einmal umkehrte und grausam zubiß. Am Josefitag fror der See zu, und als die Weberischen Kartoffeln setzen wollten, mußten sie auf dem Krautacker in Ufernähe erst einmal die zerscherbelten, glitzernden Eisschollen beiseite räumen.

Die Liesl, fahlblond wie ihre Geschwister und das unreife Weizenfeld hinterm Haus, wuchs ohne Strümpfe und Schlupfhosen, aber mit vielen warmen Unterröcken, fast ohne Vitamine und Süßigkeiten auf. Die von den Sommerfrischlern am Strand weggeworfenen Orangenschalen kaute sie sorgfältig als Delikatesse. Sie lachte selten. Im schmalen Bett schlief immer eines der Geschwister mit, und die warme Enge ersetzte ihr die Zärtlichkeit, über die die Weberischen nicht verfügten.

Mit vierzehn kam sie in Dienst, eine Stunde weit zu Fuß nur und doch in die Fremde, und bekam als Stallmagd ein Anfangsgehalt von einer Mark pro Woche. Das Heimweh und die ungewohnt fette Kost setzten ihr zu. Am Sonntag in der Seehamer Kirche mußte sie nun bei ihrer neuen Dienstherrschaft sitzen. Als sie drüben in der Bank die Mutter sah, eingeschlagen in das altvertraute dunkelkarierte Wolltuch, weinte sie laut hinaus. Es gab ein Aufsehen. Nach dem Gottesdienst, als die anderen gegangen waren, nahm der Vater sie im Kirchenportal ins Gebet: Man solle doch nicht glauben, daß sie undankbar sei. Zwei ganze Sätze mag er gesprochen haben, vielleicht drei. Die Liesl schnupfte auf und schwieg. Die Totenschädel der vor Generationen abgeschiedenen Seehamer blickten aus ihrem Gitter unterhalb der bonbonfarbenen Gethsemane-Gruppe heitergelassen auf die Szene.

Die Liesl ging in sich und nahm sich zusammen. Unvermutet wurde ihr Trost durch die ihr anvertrauten zahlreichen Kühe und Kälber. Ihnen wandte sie alles zu, wozu ihr Gemüt fähig war, eine dumpfe, wilde Zuneigung, die keine Worte fand, nur hie und da einen Laut beim Futterschütten. Den Kühen genügte er. Manche Nacht verbrachte sie im rötlichen Glosen der fliegenschmutzblinden elektrischen Birne im Stall, saß mit gespreizten Knien aufrecht an der Wand und ging erst schlafen, wenn das neue Kalb da war und sich verklebt und zitternd aufrichtete. Sorge fuhr ihr in den Magen wie eine Faust, wenn am Morgen die Kuh nicht fraß. Mit roten Lidern und grauem Gesicht, das unter dem mistfleckigen Kopftuch fremd und maskenhaft aussah, hielt sie Ausschau nach dem Tierarzt und fegte dabei, stumm und hektisch, den Hof, umkreist vom knatternden Hohngelächter der Taubenflügel. Ich kam mit dem Rad vorbei, wir grüßten einander, und ich erfuhr in einem kurzen Satz, was sie bedrückte.

Ungefähr um die Zeit, als ich anfing, den Geheimnissen des Lebens in Bild und Wort nachzuschnüffeln, trat dieses Geheimnis an die Liesl heran, wortlos und rasch, vielleicht an einem windgesträubten, grüngoldenen Tag, an dem die föhnig abgeschliffenen Wolkenfische am Himmel zogen, vielleicht in einer Nacht, in der die Büsche silbergepudert und stockstill im Mondschein standen. So ohne Aufbegehren, wie sie sich dem zutappenden Mannsbild ergab, ergab sie sich auch ins Unabänderliche, das nun folgte. Sie wurde häßlich und unförmig und gebar nach einer Zeit ihr Kind im Schlafzimmer ihrer älteren Schwester, in einer Kleinstadt fern von Seeham, während sich die übrigen Familienmitglieder in der Wohnküche drängten.

Als der Vater tot und die Mutter nicht mehr die munterste war, kam die Liesl heim und wirtschaftete für die Brüder. Es blieb nun bei drei Kühen. Der Misthaufen glich einer Schichttorte vom Konditor, das Holz war gestapelt wie mit der Wasserwaage. Das Kind nahm sie zu sich, ließ es oft streng an und teilte mit ihm ihr schmales, hartes Bett. Wir sahen einander nun fast täglich, wegen Butter und Eiern, beim Bäcker, beim Wirt, standen manchmal ein paar Minuten am Holzzaun, auf dem einige Schürzen trockneten. Wenn wir den einen wichtigen Satz über das Wetter oder die Gesundheit sagten, redeten wir einander mit Vornamen an.

Das Kind führte mich eines Tages in die Schlafstube, der Meinung, ich wollte die alte Weberin besuchen, die dort seit längerem krank lag. Unter einem Bild vom Hubertushirsch, dessen Geweih mit Goldflitter beklebt war, saß die Liesl steif an der Wand, die Hände im Schoß betbereit einander zugekehrt, und wartete, daß auch dies nun vorübergehe. »Drei Tag'«, sagte sie heiser, in dem Bemühen, leise zu sprechen, »drei Tag' liegt s' aso da und stirbt.« Die Webermutter war bewußtlos, und ihr zahnloser, in kurzen Stößen atmender Mund glich dem Schnabel eines jungen Vogels, in hilfloser Drohgeste gegen das Unbekannte aufgerissen. Das Kind sah mich aus blanken wißbegierigen Augen an.

Verlegen bemüht, das Rechte zu tun, gab ich der Webermutter ein ungeschicktes Vaterunser mit auf den Weg, aber meine Gedanken waren dabei auf die Liesl gerichtet. Zum erstenmal streifte mich die Vorstellung, daß sie und ich eines Alters waren und von nun an getrennt-gemeinsam etwas Unbegreiflichem zupilgerten, das uns zum Schluß vereinen würde. Diese Erwägung war flüchtig, schreckhaft, wie das raschelnde Auffliegenwollen eines Vogels, der dann wieder regungslos verharrt. Drei Tage später half ich inmitten unbekannter Leute die Webermutter beerdigen, während der Sommerregen auf die aufgespannten Schirme drosch und die Worte des Pfarrers verschluckte.

Das ist schon länger her. Das Kind mit den blanken Augen heiratet nächste Woche, und aus diesem Anlaß wechselten die Liesl und ich einige Sätze, die sich auf die Tatsache bezogen, daß das Kind es mit Kühen und Landwirtschaft nie so recht gehabt habe und nun in die Stadt ziehe.

Im übrigen bleibt alles, wie es immer war: Ich trete vom Durchhaus her ins Weberanwesen und rufe nach der Liesl, denn vorne ist zugeschlossen, und sie antwortet und kommt auf Holzschuhen die Stiege vom Heuboden herunter. Ein schräger Lichtstrahl aus dem Dachgebälk verleiht ihr im Halbdunkel der Ackergeräte und des Gerümpels eine unirdische Aura von Häckselstaub. »Magst Oar?« fragt sie und schlurft davon in Richtung Hühnerstall, ohne meine Antwort abzuwarten.

Wir glauben alles voneinander zu wissen. Wir sagen einander nichts. Aber gerade, daß unser Umgang so sparsam ist, läßt mir die Hoffnung, daß diese treue Magd eines Tages auch ohne Wort ihr Geheimnis kundgeben wird. Das Geheimnis, das so klein ist wie Seeham und so groß wie die Welt.

Ein Unbekannter

Ich traf ihn nicht, ich sah ihn nur. An den Knöpfen des Fernsehapparates drehend, geriet ich unversehens in eine Reportage über Heil- und Pflegeanstalten. Daß keine Scheu den Kameramann davor zurückgehalten hatte, ganz nah an die Patienten heranzugehen, schien mir erstaunlich; ich wußte nicht, ob ich es bewundern oder mißbilligen sollte. Der Mann, den ich meine, war spastisch gelähmt und seit vielen Jahren Insasse eines solchen Heims. Eine optimistisch-neutrale Erzählerstimme erklang und führte ihn ein. Ihr Tonfall linderte den Schock nicht, der einen bei seinem Anblick überfiel. Er war mit Lederschlaufen in einen fahrbaren Stuhl gefesselt. Bei der Wucht, mit der ihn die Krankheit rhythmisch hin- und herwarf, hätte er sich sonst verletzt. Niemals hatte er Ruhe, keine fünf Minuten, niemals. Aus dem verzogenen, immer wieder durchs Bild schleudernden Gesicht traf den Beschauer sekundenlang sein Blick, wie der wiederkehrende Strahl eines Leuchtturms. Offenbar hatten Pfleger oder Interviewer ihm Fragen gestellt, die zu beantworten er sich abmühte. Seine Stimme kam in heulenden Stößen, wie bei einem Wolf. Zum Artikulieren, zum Regulieren des Atems für einzelne Vokale ließ ihm die kurze Spanne zwischen zwei Krämpfen keine Zeit. Und doch kam, interpretiert und weitergegeben durch die fröhlich-glatte Erzählerstimme etwas zutage: Man erfuhr, daß er eine Weile, wohl als es ihm noch besser ging, Unterricht genossen habe. Und noch etwas: daß es seine größte Freude sei, vorgelesen zu bekommen.

Die Fernsehkamera rutschte eilig weiter, zu anderen Patienten, zu Handwerksstätten und Speiseräumen, die ich nicht wahrnahm, weil mich so viele Fragen bewegten. Wer liest dem Spastiker vor? Die Pflegenden sind bereits bis an die Grenze ihrer Kraft belastet, sie finden unmöglich Zeit dazu. Die Mitpatienten können es wahrscheinlich aus physischem Unvermögen nicht. Aber selbst gesetzt den Fall, es findet sich einer – hört er dann wirklich zu? Was hört er? Den Wohlklang einer ihm zugewandten Stimme, ein beschwörendes Murmeln, das seinem zerhackten Tag so etwas wie Entspannung verschafft? Kann er den Sinn des Vorgelesenen erfassen? Gibt es überhaupt Wortzusammenstellungen, so schön sie uns erscheinen mögen, die durch ein solches Störfeld dringen? Klingen sie vor ihm nicht alle schal, unwesentlich, abwegig? Kann ein Gesunder sich angesichts dieses gemarterten Bündels in seinen

knarrenden Lederschlaufen mutig auf den Text konzentrieren?
 Könnte ich es?

Prinzessin May,
später Königinmutter Mary genannt

Ich habe nie mit ihr sprechen dürfen, sie nur einige Male von weitem gesehen und dabei Herzklopfen, amüsierte Rührung und Respekt empfunden. Was ich von ihr weiß, wissen alle. Es ist in vielem typisch für das Leben einer europäischen Prinzessin.

Sie kam genau an dem vom Arzt vorausberechneten Tage, am 26. Mai 1867, zur Welt. Man sah der Entbindung ihrer Mutter mit Sorge entgegen. Prinzessin Mary Adelaide von Cambridge, verheiratet mit Franz von Teck, Sohn des Herzogs von Württemberg, war außerordentlich dick, bereits zweiunddreißig Jahre alt, und dies war ihr erstes Kind. Es ging jedoch alles gut.

Franz von Teck, der junge Vater, freute sich sehr über das Kind, das einzige Mädchen, dem später noch drei Söhne folgen sollten. Er hatte mit neunundzwanzig Jahren die drei Jahre ältere Engländerin geheiratet. Vielleicht hoffte er, sich auf englischem Boden irgendwie militärisch nützlich zu machen, mußte sich jedoch darauf beschränken, zu gärtnern und Tapeten auszusuchen. Alle Romantik seines Lebens hatte sich auf seine ersten Kindheitsjahre zusammengedrängt: Seine schöne ungarische Mutter kam, als er vier Jahre alt war, auf seltsame Weise ums Leben. Sie nahm zu Pferd an einer Parade teil, ihr Gaul ging durch, warf sie ab, und sie kam unter den Hufen einer gerade anreitenden Kavallerieeskadron zu Tode. Die sehr glückliche morganatische Ehe der Eltern war damit zu Ende. Die Schönheit der Mutter ging für ein Weilchen auf den Sohn über; er hatte feurige Augen und blauschwarzes Haar, trug später einen gewichsten Schnurrbart, wurde bald korpulent und langweilig.

Seine Frau war gescheiter als er, und gelegentlich ließ sie es sogar durchblicken. Die Chefin der Familie, eine Tante und außerdem Königin, hatte dem jungen Paar ein schloßähnliches Gebäude in London zugewiesen, und dort kam die Kleine zur Welt. Zuerst sollte sie Agnes heißen, wurde dann aber, um der formidablen Tante zu schmeicheln, nach ihr Victoria Mary getauft. Der Sitte der Zeit entsprechend rief man sie mit dem Kosenamen May, weil sie in diesem Monat geboren war. An den Wänden ihres Kinderzimmers waren weder Peter Pan noch Gänseliesel zu sehen. Es waren ehemalige Staatszimmer: Gewaltige Allegorien der Tugend und Gerechtigkeit blickten auf das Bettchen nieder.

Halbjährig wurde sie der Familienseniorin vorgeführt, die sie »nett und lebhaft, aber nicht sonderlich hübsch« fand. Die Mutter indessen sei, so raunte die Verwandtschaft hinter der Hand, geradezu unförmig geworden. Prinzessin Mary Adelaide wog über zweihundertfünfzig Pfund, strahlte aber Heiterkeit und Gemütlichkeit aus, was bei Staatsumzügen ihrem Wagen stets eine besondere Jubelsalve eintrug. Sie dankte herzlich und ungeniert. Für ihre Kinder, die zärtlich an ihr hingen, war sie zugleich Lust und Last. Sie besaß keinerlei Zeitsinn (vielleicht erzog das böse Beispiel ihre Älteste zu ihrer sprichwörtlichen Pünktlichkeit). Rang sie sich endlich dazu durch, einen Brief zu schreiben, so wurde er dreißig Seiten lang und in seinem gutmütigen, scharf beobachtenden Witz druckreif.

In dem etwas düsteren Stadtschloß waren die Zimmer vollgestopft mit Ottomanen, mit Sofas, über die Schals drapiert waren, mit Tischen, bedeckt von türkischen Teppichen, mit üppig gepolsterten und gedrechselten Stühlen, auf denen nie jemand saß noch sitzen würde, mit eingetopften Palmen. Die brokatbezogene Wand im Wohnzimmer war gepflastert mit Gemälden: ein süßlicher Christus, eine französische Fischerfamilie, Großpapas Pferd, eine Birkengruppe, noch ein weiteres Dutzend. Die ganz großen Ölbilder,

Porträts lieber Verwandter, lehnten auf Staffeleien mitten im Zimmer.

Zwischen diesem kostbaren Makartplunder wuchs die kleine May heran (die Mutter fürchtete anfangs, die Dämpfe vom Parkteich her könnten ihr schädlich sein), im dreirädrigen Kinderwagen ausgefahren, von dessen Verdeck schwere Seidentroddeln baumelten, später neben Gouvernanten, im Samtkleid, mit offenem Haar wie Alice im Wunderland. Hinter einfachen Fenstern, in viel Durchzug und Feuchte, in mangelhaftem Komfort wurde sie groß, ein scharf beobachtendes Kind mit photographisch genauem Gedächtnis und eiserner Konstitution. Wie alle englischen Mädchen der Gesellschaft lehrte man sie, mit hoher Kopfstimme zu sprechen und die Füße ganz geradeaus, beinahe etwas einwärts, zu setzen.

Ihre »Abwechslung« bestand darin, daß die Mama an schönen Tagen den Teppich in den Garten auf den Rasen tragen, die Möbel daraufstellen und die zeremoniöse Teestunde dort abhalten ließ. Im übrigen wurden die Kinder streng zu Hause gehalten. Prinzessin Mary Adelaide befand darüber: »Ein Kind hat mit dem Erlernen des Gehorsams, den Hausaufgaben und dem Wachsen genug zu tun. Es braucht nicht andauernd auf Einladungen lange aufzubleiben, das raubt der

Kindheit die Frische, und die Kinder werden bald unerträglich.«

Das Mädchen May erfuhr nicht, daß die Mutter sich wegen kleinlicher Rangfragen, der Livree ihrer Kutscher zum Beispiel, mit der Tante Victoria in zäh geführte Reibereien einließ, nicht, daß die Vermögenslage der Eltern nicht rosig war und daß die alte Dame in Windsor fand, sie könnten mehr sparen. Sie mußte stricken und nähen »für die Armen«, unbekannte Wesen, über die lehrhafte oder erbauliche Geschichten vorgelesen wurden. Sie gedieh gut in der Atmosphäre liebevoller Zucht. Ungemütlicher wurde es erst, als die Großmama Cambridge zu ihnen zog, vom Schlag getroffen und hilflos im Rollstuhl gekrümmt. Wer ihr ins Gesicht sprechen wollte, mußte sich auf den Boden knien. Die Kinder, besonders die Älteste, mußten im Salon schweigend Alben mit Städtebildern besehen, während die Mutter versuchte, die übellaunige Patientin zu erheitern. Auf den eikahlen Kopf der Großmutter (Perücke und Haube ließ sie auf dem Ständer neben dem Rollstuhl und setzte sie rasch auf, wenn Besuch kam) mußten die Kinder französische Lieder niedersingen. Lebenslang behielt May einen gut verdrängten Abscheu gegen alles Invalide und Kranke. Doch nicht nur die Tugend der Selbstüberwindung war zu üben, auch die der Geduld.

Die Kinder mußten oft stundenlang im Wagen warten, während die Mutter Besuche machte. May lernte, unbewegten Gesichts in ihre Gedanken zu entfliehen, innerlich abzuschalten. »Na, habt ihr euch amüsiert?« fragte die dicke Mary Adelaide bei der Rückkehr ohne jede Ironie.

Die äußerst schüchterne May verstummte in Gesellschaft fast ganz. Je lauter und heftiger die Mutter konversierte und in ihrer Gegenwart auf die Hemmungen der Tochter hinwies, desto beklommener wurde ihr. Sie trug die einzwängenden, unkindlichen Kleider der damaligen Zeit, abends flocht man ihr das Haar in sechs Zöpfchen, morgens brannte die Zofe künstliche Lokken in ihre Ponyfransen. Daß es ihr nicht stand, sieht man auf einer schwülstig-innigen Photographie, auf der ihr ein ausgestopfter Vogel ein Korn von den Lippen nimmt.

Der Großvater in Deutschland starb arm. Seine morganatische Ehe mit der schönen Ungarin hatte insofern Einfluß auf den Backfisch May, als ihre Cousinen sie fühlen ließen, mit ihrem Stammbaum sei etwas nicht völlig in Ordnung. Doch damit war sie nicht zu kränken, wohl aber, wenn man sich bei irgendeiner kleinen Ungeschicklichkeit zuflüsterte: »Die arme May mit ihren württembergischen Händen«, denn sie war glühende britische Patriotin. (»Ich danke Gott, zu einer so großen Nation zu gehören!«)

Von ihrem sechzehnten Jahr an lebte sie mit den Eltern in Florenz, die bei dem von Standesvorschriften diktierten Lebensstil in London fast bankrott gegangen wären. Die beklommene Lage in einem Schuldennetz, die es zuerst erschwerte, England zu verlassen, später erschwerte, dorthin zurückzukehren, lehrte sie – anders als die Stücke in den Lesebüchern –, daß man sehr wohl unverschuldet in Peinlichkeiten geraten konnte, und war wohl mit ein Grund, warum sie später diskret und taktvoll so vielen aushalf, denen es im Moment finanziell schlechtging.

In Florenz begann die allzu großzügige Mary Adelaide zum erstenmal, sich auf den Common Sense und das Urteil der heranwachsenden Tochter zu verlassen, dieses merkwürdig ernsthaften Menschenkindes, das immer lieber in ein Museum als auf einen Tee ging. May las, was sie über Kunst und Kunstgegenstände nur unter die Hände bekam, und die Schätze der Stadt Florenz waren an diese schweigsame, aber entschlossene junge Engländerin nicht verschwendet. Da Vater Franz inzwischen ebenfalls seinen Schlaganfall gehabt hatte, galt es wieder zu pflegen und durch stille Gegenwart zu erheitern, außerdem eine Menge häuslicher Pflichten zu erfüllen: Fünfundzwanzig Gäste waren die Regel. May organisierte, Mutter Mary Adelaide glänzte.

Hatte May freie Zeit, so setzte sie sich einen toskanischen Strohhut auf und ging Aquarelle malen. An ihrem siebzehnten Geburtstag (er zeichnete sich dadurch aus, daß sie eine Wurzelextraktion mit Lachgasnarkose und sechs Plomben über sich ergehen lassen mußte) wurde sie wieder einmal photographiert, neben einer künstlichen Säule: Das Bild besagt rein gar nichts, so ungefällig sind die gewaltigen Keulenärmel, die schmale Taille unter der schon damals zu schweren Büste, die gekräuselten Simpelfransen. (»Diese Mode ist häßlich«, dekretierte die kleine schwarzgekleidete Dame in Windsor, »die netten Mädel sehen alle aus wie die Pudel.«)

Achtzehnjährig kehrte May nach London zurück – mit so umfassenden Kenntnissen über Bibelots, daß sie ein guter Museumskurator geworden wäre. Kein Antiquitätenhändler konnte sie mehr hereinlegen. Gesammelt und hellwach schaute sie aus ihren etwas fahlfarbenen Augen. »Vielleicht ist sie sogar hübsch«, hieß es, »bei ihr wird man sich nicht darüber klar.« Sie traute sich kaum zu lachen, fand ihr Lachen gewöhnlich. Ihre erste »Season« war keine aufregende Angelegenheit; sie war eine Nebenfigur. Stark geschnürt, am hohen Kragen eine Juwelenbrosche, durfte sie sechs Jahre hintereinander neben ihrer Mutter Waisenhäuser und dergleichen eröffnen. Haltung war ihre Mitgift. Im Grunde war ihr Leben todlangweilig. Sie mußte für die nun ganz von ihr abhängige Mutter Briefe schreiben, Dienstboten beaufsichtigen, für Wohltätigkeitsbasare handarbeiten, mit dem Vater Halma spielen.

Sechs Jahre sind lang; vielleicht hatte sie sich bereits innerlich darauf eingerichtet, immer weiter so und nicht anders zu leben. Von ihren Träumen und Wünschen fehlt in ihren Tagebüchern jede Spur. Hie und da jedoch taucht auf, wie quälend es war, daß einige hochgestellte Persönlichkeiten es sich in den Kopf setzten, »die liebe May zu verheiraten«. Ihre Ehechancen standen nicht allzu günstig, weil sie nicht eindeutig zum europäischen Fürstenkreis gehörte und Außenseiterin war. Die morganatische Ehe der verunglückten Großmama, die beengte Finanzlage der Eltern machten »die arme May« aus ihr.

Die alte Queen mit dem Schnurrbärtchen fand derlei Bedenken »unsinnig und vollkommen unnötig«. Sie hatte Hintergedanken. In erster Linie galten sie ihrem Enkel Albert, genannt Eddy. Der Älteste ihres Sohnes, des späteren Eduard VII., und seiner schwerhörigen Frau ließ es an Zielstrebigkeit fehlen. Am Vater hatte er kein erhebendes Beispiel, die schöne Mutter verzog ihn. Er schoß gewissermaßen ins Kraut, wenn auch nicht als Libertin. Unpünktlich und temperamentlos, verliebte er sich – mehr pro forma – in sämtliche für ihn in Frage kommenden Prinzessinnen, brachte es aber bei keiner weit. Die spätere letzte Zarin von Rußland, Prinzessin Alix von Hessen, wies ihn ab. Man meinte zurückhaltend, er sei ja »lieb, gut und freundlich«. Das Aber schwang mit. Die besorgte Großmama fand ihn »furchtbar dünn und blaß«. Mit vierundzwanzig Jahren hatte er seinen ersten Gichtanfall. In seiner unteren Gesichtshälfte – wo sich Willensstärke und Energie auszuprägen hatten – war außer dem Schnurrbart nicht allzuviel los. Er begann der Schneiderpuppe eines ausgezeichneten Tailleurs ähnlich zu sehen. Dieser junge Mann mußte auf Trab gebracht werden.

Seiner pflichtbewußten Großmama wollte scheinen, als gäbe es da nur eine Lösung: sofortige Verheiratung mit einer vernünftigen, seriösen Person. Ihr Bussardauge fiel auf »Cousine May«. Der Prinz hatte nichts einzuwenden, warum auch, der Gedanke war ihm selbst nur noch nicht gekommen. Am gleichen Tag, an dem in seinem Tagebuch vermerkt ist: »Trüber Tag«, was sich jedoch auf das Wetter bezieht, machte er Cousine May im überheizten Boudoir einer gemeinsamen

Bekannten (»das reinste Treibhaus, wir sind beinahe gestorben«) einen Heiratsantrag.

»Natürlich sagte ich ja. Wir sind beide sehr glücklich«, schrieb sie in ihr Tagebuch, »und halten es vor aller Welt geheim, mit Ausnahme von Mama und Papa.«

»Natürlich« sagte sie ja. Eine Tänzerin übernimmt natürlich eine Rolle, die sie für immer aus dem Corps de ballet herausführt und zur Primaballerina macht. Sie wollte ihr möglichstes tun, »diesen wichtigen Platz zum Wohle Englands auszufüllen«. Sie kannte Prinz Eddy kaum, aber er war ihr sympathisch, war Kronprätendent, die künftigen Schwiegereltern waren stets nett zu ihr gewesen. »Darling May«, sagten sie zu ihr. Sie freuten sich. Alle Welt freute sich. Sie war das Richtige, sie war etwas Solides. Das hinderte sie nicht, beim Verkünden ihrer großen Neuigkeit vor den Gleichaltrigen abends auf dem Zimmer das einzige geschichtlich belegte Mal mit beiden Händen die Röcke zu raffen und im Walzertakt durchs Zimmer zu wirbeln. Mutter Mary Adelaides begeisterte Berichte über das Glück ihrer Ältesten bedeckten in unzähligen Briefbogen die Höfe Europas.

Es war ein abrupter Wechsel vom abgeschiedenen, stillen Leben als Sekretärin und Kammerfrau der Mutter zur künftigen Königin von England.

»Meinst du, daß ich das schaffen werde?« fragte May die Mutter. – »Aber natürlich, Liebchen«, sagte die dicke, joviale Mary Adelaide, die schließlich mit ihrem indolenten Franz auch fertig geworden war.

Die Hochzeit war für den 27. Februar 1892 in Windsor angesetzt. Den Januar hindurch lag Erbssuppennebel über London, und die Grippe ging um. Am 7. Januar legte sich Prinz Eddy. May pflegte ihn in der Weise, in der sie gewohnt war die Mutter zu pflegen, indem sie ihm vorlas, seine Briefe für ihn beantwortete. (Anstandspersonen waren zugegen.) Die alte Großmama Victoria war in ihrem geliebten Osborne und überwachte lebende Bilder. Als sich am 9. Januar die Grippe des Kronprätendenten zur Lungenentzündung entwickelte, wagte man es ihr zunächst nicht zu sagen. Er war nicht mehr bei sich. Man stellte einen Paravent um sein Bett, über den die Angehörigen angstvoll spähten. Er schrie Kommandos für sein Regiment, rief seine Pferde bei Namen, auch seine frühere Geliebte: »Hélène!« Am 14. Januar starb er.

Im Volk sang man sentimentale Gassenhauer über Prinz Eddy und seine schwergeprüfte Braut. Auf sein Grab in Windsor kam ein Monument im Zeitgeschmack: ein lebensgroßes Konterfei in zweifarbenem Marmor, schwarz die Uniform, weiß Kopf und Hände, unfaßbar edel und kitschig. Ein weiblicher Genius, der allen jungen Damen der engeren und weiteren Familie ähnelte, schwebte über seinem Ruhebett und hielt einen Lorbeerkranz über sein Haupt. May war in ihrer beherrschten, stillen Trauer den Eltern des Verstorbenen ein rechter Trost. Die beinahe zur Tochter gewordene wurde wirklich zu einer Art Tochter.

Mutter Mary Adelaide aber war gebrochen. Die Hochzeitsschleppe mit den sinnig eingewebten Maiglöckchen war fertig, Möbelwagen voller Trousseau standen bereit. Was sollte aus all dem werden? Wer sollte bezahlen, was nun umsonst aufgewendet worden war? Peinliche Engpässe ergaben sich, über die May einzig einer alten Tante in Deutschland ihr Herz ausschüttete. Ruhig und diszipliniert hatte sie das eintönige Leben bei den Eltern wieder aufgenommen, beide Verlobungsringe an der rechten Hand.

Was so mancher Brite dachte, sprach die energische Alte mit der Hakennase und dem Mullhäubchen offen aus: So durfte die Lage nicht bleiben. Der zweite Thronerbe, ein magerer Jüngling namens George, der soeben den Typhus überstanden hatte, mußte so schnell wie möglich in seinem künftigen Rang etabliert und auf feste Füße gestellt werden, sonst rutschte die Krone womöglich in irgendeine Seitenlinie ab. Und was alles Weitere betraf: Was für seinen Bruder so ausgezeichnet gepaßt hatte, würde auch für ihn passen.

Vor lauter Takt wagte niemand May davon zu sprechen. Schon die Gerüchte, die ihr darüber zu Ohren kamen, schockierten sie. Um sie auf andere Gedanken zu bringen, schickte man sie samt ihren Eltern nach Cannes, allwo sämtliche Beteiligten etwas munterer wurden. Erkannte man May auf dem Marktplatz, so grüßte man sie ergriffen. Wildfremde schenkten ihr Blumensträuße, eine derart bekannte Gestalt war sie geworden. Sie schrieb sich nun mit der ganzen Verwandtschaft, zu der sie hätte gehören sollen, auch mit ihrem Vetter George, der ritterlich meinte, »sie trügen ja nun ein gemeinsames Leid«. Er kam übrigens mit seinem jovialen Bonvivant von Vater auf dessen Jacht nach Cannes, was beträchtliches Aufsehen erregte.

Als May nach England zurückkehrte, trug sie nur mehr Halbtrauer. Am Jahrestag ihrer Verlobung war eine Trauerfeier für Prinz Eddy mit Kirchgang in Windsor. Sein Schlafzimmer war unverändert: Im Kamin brannte ein Feuer, frische Blumen standen in allen Vasen, das Bett war mit dem seidenen Union Jack bedeckt.

Vetter Georgie war inzwischen Herzog von York geworden. Er war in allem das Gegenteil seines Bruders: pflichtbewußt, zielstrebig, als Marinesoldat an das karge Leben an Bord gewöhnt, das er nun vermißte und betrauerte. Temperamentvoll war auch er nicht. Mit Cousine May verstand er sich gut. Sie war ein wenig größer als er, auch in flachen Schuhen. Eine Tante fand sie »nicht sehr faszinierend, aber ihre Manieren sind perfekt, und sie ist bescheiden. Mir scheinen ihre Ansichten und Auffassungen ziemlich konventionell, aber sie wird ganz bestimmt nie etwas Verkehrtes sagen, geschweige denn tun.« Die gleiche Tante sagte dann eines Tages entschlossen aufseufzend: »Ich finde, Georgie, du solltest May in den Garten führen und ihr die Frösche im Teich zeigen.« So kam die neue Verlobung zustande.

Für May hieß es sich wieder umstellen, aus dem Schattendasein der strickenden und briefeschreibenden Gesellschafterin ihrer Mutter zurück ins Rampenlicht. Diesmal fiel es besonders grell. Ganz Europa wußte über diese neue Verlobung etwas zu befinden. Es reichte von: »Die Ärmste!« bis zu: »Na, wißt ihr, Glück muß man eben haben!« Etwa zwanzig Jahre später schrieb der einstige Bräutigam: »Da sagen die Leute, wir hätten einander nur aus Mitleid und Sympathie geheiratet. Dabei passen wir doch so wunderbar zueinander. Täglich danke ich Gott, daß er uns unter so tragischen Umständen zusammengebracht hat. Da sieht man wieder, wie verkehrt die Welt urteilt.«

Damals aber schrieb er seiner Braut: »Verzeih, wenn ich kalt und schüchtern wirke, ich liebe dich täglich mehr, aber diese Zeit jetzt will eben durchgestanden sein, in der wir nie allein sind und nur Geschäftliches besprechen können...«

Geschäftliches, das umfaßte auch vierzig Kostüme, fünfzehn Ballkleider, Fünfuhrtee-Kleider, Hüte, Schuhe, Handschuhe, umfaßte Möbelstoffe, Draperien, Wagen, den künftigen Wohnsitz, den Umfang der gesellschaftlichen Pflichten. Von Glück sprachen sie wohl so wenig, wie die Solisten einer großen Oper vor der Uraufführung davon sprechen.

Am Hochzeitstag, an dem der Bräutigam im abergläubischen England die Braut vor der Zeremonie nicht sehen darf, erblickte durch einen Zufall Prinz George, Herzog von York, seine Braut am Ende eines der langen, mit roten Teppichen ausgelegten Korridore des Buckingham Palace. Er verneigte sich tief vor ihr und schlug die Augen nieder, eine Geste, deren Herzenshöflichkeit sie ihm nie vergaß.

Die Feierlichkeiten waren langatmig und ermüdend, und als das junge Paar im offenen Landauer durch das jubelnde London davonfuhr, staubte es derart, daß das Hemd des Bräutigams und das cremefarbene Reisekleid seiner Angetrauten sich schwärzlich färbten.

Das junge Paar zog nach York Cottage, ein im Efeu halbersticktes Landhaus mit Märchenatmosphäre, zu wenig Badezimmern und zu vielen Türmchen und Giebeln. Es war dunkel, die vielen Korridore wurden durch livrierte Diener noch enger, aus der Küche im Souterrain roch es chronisch nach Essen. Der junge Ehemann, voller Heimweh nach seinen zwei winzigen Kabinen auf See, fand es groß genug. Von einem verwunderten Gast befragt, wo denn eigentlich das Personal schliefe, erwiderte er augenzwinkernd, er wisse es auch nicht, wahrscheinlich in den Parkbäumen. Er hatte den gemeinsamen Alltag alsbald mit militärischer Präzision eingerichtet und konsultierte morgens als erstes und abends als letztes Thermo- und Barometer. Die Wände seines schmucklosen Arbeitszimmers ließ er mit dem roten Tuch französischer Militärhosen bespannen, überhörte alle scherzhaften Anspielungen und war, als die Motten es endlich zerfressen hatten, recht traurig.

Die junge Herzogin fügte sich glatt und leise in ihre neuen Pflichten: die langen Besuche bei der Schwiegergroßmama, die das Paar in liebevolle, aber schwer erträgliche Kreuzverhöre nahm, in das Zusammenleben mit einer sehr zahlreichen

Verwandtschaft, in die Führung eines Haushalts, bei der diesmal nicht die dicke Mutter Mary Adelaide von Teck, sondern der Herzog von York das letzte Wort hatte, in die Schwangerschaften, die sie, so gut es ging, mit Spitzenumhängen und Stolen vor dem Auge der Öffentlichkeit zu verbergen suchte. Weil sie so ungern auf ihren Zustand anspielen ließ (so viel Freimut und Humor war in ihren Kreisen nicht »reçu«), beklagten sich stolze hohe und höchste Mütter, sie sei kalt und unnatürlich.

Hinter der Prüderie der Jahrhundertwende verbargen sich bei ihr jedoch Noblesse und Menschlichkeit. Als eine entfernte Verwandte, die kleine Marie von Mecklenburg-Strelitz, ahnungslos von einem Lakaien geschwängert und für damalige Begriffe gesellschaftlich mehr als tot war, zeigte sich ausgerechnet der imposante Tugendspiegel, die Herzogin von York, tagtäglich mit ihr im Wagen auf der Promenade, hielt zu ihr und erreichte so, daß man das Ganze mit anderen Augen sah.

Die alte Queen, Sinnbild und Säule eines Zeitalters, in dem Britannia tatsächlich über die Wogen geherrscht hat, wurde zu ihren Ahnen versammelt. (May konnte an der Beerdigung nicht teilnehmen, sie pflegte ihren verspätet masernkranken Mann.) Es kamen ein paar ruhige Jahre. Noch regierte der Schwiegervater, noch wurde May nur in Abendkleid und Brillanttiara, noch nicht in Krone und Hermelin porträtiert.

Sie war ihren fünf Kindern eine liebevoll-strenge Mutter, vermittelte unbestechlich gerecht zwischen ihnen und dem disziplinbesessenen Vater, ließ sie nach ihrer letzten Tagesmahlzeit, Tee und Butterbrot, bei sich in ihrem Boudoir sitzen, lag im Negligé auf dem Sofa, las ihnen vor, erzählte ihnen, suchte ihnen etwas von ihren musischen Neigungen zu vermitteln. (Müßig durften sie auch dabei nicht sein, sie häkelten nicht enden wollende Schals für Basare.) Ihre sanfte Stimme bildete zum etwas barschen Seebärenorgan des Vaters und der strikten Sachlichkeit der Prinzenerzieher einen wohltuenden Gegensatz. »Diese Kinder wissen ja rein gar nichts«, soll sie einmal ausgerufen haben, so weit entfernt lagen ihre Interessen vom Programm, nach dem sie erzogen wurden.

Traditionsgemäß bewohnte die Familie mehrere Häuser und zog mindestens dreimal jährlich von einem in ein anderes, das noch historischer und meist noch unbequemer war. Als im Jahre 1910 der König, Mays Schwiegervater, starb und nach vierzehntägiger Aufbahrung (die Sonderzüge ausländischer Potentaten mußten erst eingetroffen sein) beerdigt war, kam auch noch der Buckingham Palace dazu, der immer etwas muffig roch und in dem es eines tüchtigen Fußmarsches bedurfte, um einander – selbstverständlich nach vorheriger Verabredung – in den jeweiligen Gemächern zu besuchen.

Von nun an blieb der Scheinwerfer der Öffentlichkeit auf sie gerichtet, solange sie lebte. Er traf eine würdig-üppige Gestalt, deren Leib- und Weiblichkeit unter den (keiner Mode unterworfenen) Gewändern sich vorzustellen der Verstand sich weigerte. Gewissermaßen hatte wieder »die Königin von England keine Beine«, wie einst die große Elisabeth ausrichten ließ, der jemand seidene Strümpfe hatte schenken wollen.

Es kam der Erste Weltkrieg. Mays Mann stürzte bei einer Truppeninspektion mit dem Pferd und wurde verletzt heimgebracht. Ein Briefchen von ihr ist erhalten: »Niemand wird dich empfangen, ich werde in meinem Zimmer warten, bis du nach mir schickst, denn ich kann mir vorstellen, daß du erst einmal bequem im Bett untergebracht sein willst, ehe du mich sehen möchtest.« Diese graziöse Distanz, geboren aus Respekt und Zuneigung, scheint ihnen geblieben zu sein bis zuletzt.

Es heißt, daß der König, mit dem sie verheiratet war, keine fünf Minuten tot gewesen sei, da habe sie die Hand des nächsten Königs geküßt, den sie geboren hatte. Für sie, die an ein absolutes Königtum glaubte, war diese Geste nicht pathetischer als das Kreuzeszeichen für den Romgläubigen.

Sie war in Trauer, als ich sie zum erstenmal sah: auf einer Art Plattform, auf der sie auf die Überführung des königlichen Sarges wartete, ein kerzengerader schwarzer Tüllkegel. Sie trug einen Schleier aus Crêpe lisse, einem durchsichtigeren Flor, damit das Volk sie sehen und erkennen konnte. Schmerz war etwas Privates, Trauer um einen König nicht. Ich fand sie auf eine besondere, unvergleichliche Weise schön, trotz ihrer etwas langen Oberlippe und des überschmalen Mundes, dessen gramvoll gesenkte Winkel diesmal nicht zur Andeutung des offiziellen Lächelns angehoben waren. Die »alte Dame« schien ihre eigentliche Inkarnation zu sein.

Dasselbe dachte ich, als ich sie kurz danach auf einem Balkon in Whitehall stehen sah, von dem aus sie auf den noch ungekrönten Eduard VIII. herabblickte. Er saß zu Pferde und schwitzte regungslos unter einer gewaltigen Bärenfellmütze. Es war die einzige Geburtstagsparade, die er abnahm, im Jahr darauf hatte er bereits abgedankt und das Land verlassen; aber das wußte die alte Dame damals noch nicht. Manchmal zog sie diskret die jüngere ihrer beiden Enkelinnen, Margaret Rose, die sich auf die Brüstung lehnte, um besser zu sehen, am

Kleidchen herunter. Kaum, daß man eine Bewegung wahrnahm. Sie bewegte die Lippen, wie ich glauben wollte, zu einem: »One does not do that, dear.«

Als ihr Ältester um einer Frau willen die Königswürde ausschlug und damit persönliches Glück über seine Pflichten stellte, sollen sich ihre angestauten Gefühle in einem einzigen Satz in ihrem Tagebuch entladen haben: »Man könnte meinen, wir seien hier in Rumänien!« Eine der direktesten und überzeugtesten Liebeserklärungen an Großbritannien, die ich kenne.

Sie sah den zweiten Sohn den Platz des ersten einnehmen, obwohl er nicht der gesündeste war. (»Noch einmal in die Bresche, Freunde ...«) Der dritte kam bei einem Flugzeugunfall im Zweiten Weltkrieg um, der jüngste war ihr schon 1917 gestorben. Sie sah den König, ihren Sohn, unter den Sorgen des Zweiten Weltkrieges immer magerer und eckiger werden. Sie hatte die Freude, eine ebenso liebevolle und anhängliche Schwiegertochter zu besitzen, wie sie selbst eine gewesen war. Sie sah die Enkel heranwachsen, die Enkelin, der die Krone bestimmt war.

Es kamen die Jahre, in denen sie ihrer Repräsentationspflichten soweit ledig war, daß sie sich Dingen zuwenden konnte, an denen ihr lag. Es war keineswegs zu spät. Mit siebenundsiebzig sah sie ihre erste Hamlet-Aufführung, mit achtzig las sie zum erstenmal Dostojewski. Sie sammelte Möbel, Silber von Fabergé, Dosen, Uhren. Auf Einladungen sagte sie von einem Gegenstand: »Das ist entzückend, das ist genau, was mir noch fehlt«, und ließ es sich dann gerne schenken. (Es heißt, gewisse Familien der Hocharistokratie hätten schließlich vor ihr versteckt, was sie ungern hergeben wollten.) Sie war eifrige Leserin einer Leihbibliothek, ließ sich in Ausstellungen fahren, fand moderne Bilder »erstaunlich häßlich«. Nach einem Debussy-Abend vermerkte sie befriedigt, es sei sehr langweilig gewesen, der halbe Saal sei eingeschlafen, aber sie war immerhin hingegangen. Ein trübes Theaterstück voller Notzucht, Schwängerungen und Geschlechtskrankheiten, bis dahin nur in der Vorstadt gespielt, konnte nach dem interessierten Besuch der alten Dame (sie war stets für Aufklärung) in bessere Stadtteile umziehen. Auch eine Heuernte sah sie zum erstenmal zwischen ihrem siebzigsten und achtzigsten Geburtstag. »Soso, so also wird das gemacht«, meinte sie.

Irgendwann einmal überschlug sich ihre schwarze Limousine. Angstschlotternde Retter halfen ihr heraus. Eine in tadellosem Glacé steckende Hand streckte sich ihnen entgegen, dann stieg sie selber empor, unversehrt. Der Sonnenschirm war zerbrochen, die Toque, um die es weniger schade gewesen wäre, saß unverrutscht auf den grauen Löckchen. Eine entfernte Familienähnlichkeit mit dem britischen Löwen wurde zum erstenmal evident.

Mit über achtzig gab sie endlich soweit nach, daß sie sich im Rollstuhl durch Galerien und Ausstellungen fahren ließ. »Es ist lästig und hinderlich, alt zu sein«, sagte sie. Sie gab auch endlich zu, sie habe sich ihr Leben lang immer lieber mit ein, zwei Leuten unterhalten als mit so großen Menschenansammlungen, wie sie es leider gemußt habe.

Ein letztes Mal sah ich sie bei der Ausstellung ›4000 Jahre Dänemark‹ im Victoria-und-Albert-Museum, sorgfältig zurechtgemacht, die altersschütteren Brauen nachgezogen, mit weißrosa emailliertem Gesicht. Unter den erschlafften Muskelsträngen vom Kinn zum Hals ruhten die herrlichsten Perlen Europas. Während der endlosen Eröffnungsreden in dänischer Sprache sanken der Herzog und die Herzogin von Gloucester, ja selbst der harttrainierte Edinburgh in ihren Stühlen zusammen und wurden zehn Zentimeter kleiner. Einzig die alte Dame saß kerzengerade, ohne sich anzulehnen, die Wildlederschuhe genau parallel ausgerichtet, und hing aufmerksam an den Lippen des Unverständliches Redenden.

Kurz nachher photographierte man sie mit ihrem Urenkel Charles auf dem Schoß. (Ob es wahr ist, daß er sie Großmama England genannt hat? Es wäre ein schöner Name.) Sie war so frisiert, als gäbe es keinen Wind auf der Insel, die Pleureuse auf ihrer Toque glich einem schlafenden Eichkätzchen, ihr Kleid schien aus der Regierungszeit Georgs V. zu stammen. Doch der linke Mundwinkel lächelte schon stärker als der rechte, die Ohren waren größer geworden, die Augen blickten hell und starr. Um diese Zeit fragte sie Lord Shaftesbury: »Meinen Sie, daß man sich zwingen muß, immer so weiterzumachen, bis zum Ende?«, und er erwiderte galant: »Ich habe gar keinen Zweifel, daß Euer Majestät genau das tun werden.«

Sie freute sich auf die Krönung der Enkelin. »Ihre alte Oma und Untertanin wird die erste sein, die ihr huldigt«, sagte sie. Sie ließ sich die Prozessionsstraßen entlangfahren, an denen schon die Gerüste aufgeschlagen wurden, und musterte sie befriedigt. Streifte sie ein kühler Hauch? Am Abend legte sie schriftlich fest, daß die Krönungszeremonien, sollte sie »nicht unter den Anwesenden sein«, auf keinen Fall verschoben werden dürften.

Sie wurde nicht eigentlich krank, sie zog sich nur ein wenig tiefer in den privaten Bereich ihres

Bettes zurück. Ihr letzter Brief handelt von einem Porträt des Marianito von Goya im seidenen Zylinder.

Sie starb am 24. März 1953, zwei Monate vor der Krönung ihrer Enkelin.

Maria Theresia

Wie leicht hätte sie in Barcelona statt in Wien zur Welt kommen können, diese deutscheste aller Kaiserinnen. Doch so lange Karl VI. nur König von Spanien war, blieb seine Ehe mit Elisabeth Christine kinderlos. Wegen ihrer außergewöhnlichen Schönheit, ihrem leuchtenden Teint und ihrem dichten, silberblonden Haar nannte er sie zärtlich seine »weiße Liesl«. Die beiden waren aufrichtig glücklich miteinander. »Königin sehr schön, gar content«, notierte Karl überrascht und dankbar, als er seiner ihm per procura angetrauten Braut ansichtig wurde, und wenige Tage später die ungewöhnlichen Stichworte: »Königin Nacht gar lieb.« Es ist, als solle ein musikalisches Motiv für Maria Theresias Leben zum erstenmal skizziert werden.

Nach fünf Jahren erbte Karl die Kaiserkrone von seinem Bruder, zog nach Wien, und das Wiener Wasser, nicht nur für den Kaffee berühmt, tat seine Wirkung: ein Thronfolger wurde geboren, der als Säugling starb, und ein Jahr danach Maria Theresia, am 13. Mai 1717 »vor acht Uhr morgens« in einem Zimmer des Leopoldinischen Trakts der Wiener Hofburg. Man taufte sie mit langen, pompösen Zeremonien, ließ sie aber ungestört und natürlich aufwachsen, fern aller Empfänge und Staatsgeschäfte. Als der Vater bei der Fronleichnamsprozession in kaiserlichem Amtsprunk unterm Balkon vorüberzog, klatschte das heitere, pausbäckige Kind in die Hände und rief: »Komm her, Papa, und laß dich ein bißl anschau'n!« So wie sie ihn sah, mit den Insektenbeinen der Prunkrüstung einer Hornisse gleichend, dem habsburgischen Unterbiß und dem Doppelkinn, sieht man ihn gemalt. Auch das Reserl wurde gemalt, und beim Betrachten dieser Zehnjährigen befürchtet man nicht wie bei so vielen in Hoftracht gemalten Infantinnen, daß sie bald stirbt. Sie steht fest auf den Beinen, die Blumen, die sie selber abgerupft hat, in der pummeligen Hand, noch atmend vom raschen Lauf, die Nase scheint etwas rot geworden, gleich werden die brokatenen Gewänder in sich zusammensinken, denn sie wird nicht stillhalten. Auf dem Tisch liegt die Krone, einer üppigen Bonbonniere ähnlicher als einem Staatssymbol.

Da habe nun der Kaiser, schreiben die Historiker, die pragmatische Sanktion mit solcher Mühe durchgesetzt und dann seine Älteste nicht auf ihren Beruf vorbereitet. Er hoffte noch immer auf den Sohn, später auf den Enkel. (Maria

Theresia klagte, »die erforderliche Erfahrnis« für die Regierung so weitschichtiger und verteilter Länder habe ihr nach dem Tode des Vaters stets gefehlt.) Umgeben von Liebe wuchs sie auf, täglich aufs neue darin bestärkt, daß eine glückliche Familie das Erstrebenswerte sei. Sie spielte mit Puppenhäusln und klobigen Wägelchen, lebte im Winter in der Wiener Hofburg, im Sommer in der Neuen Favorita – dem heutigen Theresianum – oder in Laxenburg draußen. Der spanische Stiefel spanischer Etikette zwängte nur bei Staatsakten. Sie lernte fließend Latein, die Staatssprache Ungarns, schrieb orthographisch falsch mit Ausnahme des Französischen, sprach daheim wienerisch gefärbtes Deutsch. Die kirchlichen Feste hatten höchste Bedeutung: Man ging gemeinsam wallfahrten, besuchte die Gottesdienste sämtlicher Wiener Kirchen und Klöster, die Eltern, die Schwester Marianne, die Erzieherin, die geliebte »Aja« alias Gräfin Fuchs, die als einzige Nichtverwandte später in der Kapuzinergruft bei ihr ruhen wird. Sie lernte von den Jesuiten »Welche der zehn Patriarchen haben vor der Sintflut gelebt, welche nachher?« und »Wie viele Jahre ist Methusalem älter geworden als Adam?«, tanzte graziös, man rühmte ihre Singstimme. Von Politik wußte sie nichts. Als jemand ihr einmal später sagte, an ihrer Wiege hätten alle guten

Feen gestanden, erwiderte sie schlagfertig: »Es war auch eine böse dabei, die alles immer wieder verdirbt!«

Im September 1723 kam ein Verwandter an den Wiener Hof, der fünfzehnjährige Franz Stephan von Lothringen, ein netter Bub, auf den der Kaiser große Stücke hielt. Er schrieb ihm einmal »mein Engl und auf lib wan ich sagen darf liebster Sohn«. Auch das Reserl schwärmte für ihn, hielt zuversichtlich an der Hoffnung fest, ihm einmal zu gehören, obwohl es eine Zeitlang so aussah, als solle sie einen Spanier oder Bayern heiraten. Er spielte und jagte gern, sagte jedermann Schmeichelhaftes, war heiter und offen und »zum Lernen zu zerstreut«. »Schreibt miserabel und voller Fehler«, tadelt sein Erzieher, Graf Cobenzl. »Liebenswürdig, aber unbedeutend«, beurteilt ihn Preußens Kronprinz Friedrich, mit dem einige politisch Ahnungsvolle und menschlich Ahnungslose Maria Theresia gerne verbunden hätten. Kaiser Karl VI. aber schrieb kurz vor seinem Tode: »Mein großer Trost ist, daß ich meine Tochter in so guter Hand weiß und sicher bin, daß sie Euer Liebden liebe.« Er schickte den Franzl auf Reisen, und als »Euer Liebden getreueste Braut« schreibt ihm Maria Theresia, von der Aja überwacht, korrekte Briefe. Ins Postskriptum aber schmuggelte sie ein zärtliches »Addio, Mäusl, ich umarme Sie von gantzem Hertzen, schonen Sie sich recht!«.

Sie hat zeitlebens keinen anderen angeschaut, hat sein staatsmännisches und militärisches Geschick stets überschätzt. Daß er ihr unverbrüchlich treu bliebe, hoffte sie wohl nicht einmal während der feierlichen Trauungszeremonie in der Augustinerkirche am 12. Februar 1736. (»Nach meinen Grundsätzen hat die Frau nichts anderes zu tun, als die Verirrung ihres Ehemannes mit Geduld hinzunehmen und besitzt nicht das Recht, sie ihm zu verübeln.«) Noch nach vierzig Jahren bezeichnete sie das Datum, an dem der päpstliche Nuntius sie zusammengab, als den »glücklichsten Tag meines Lebens«. Sofort anschließend wallfahrtete das Paar nach Mariazell. Der dort empfangene Segen zusammen mit ein paar handfesten Ratschlägen ihres Leibarztes van Swieten, legten den Grund zur »zärtlichen, mit Kindern reich gesegneten Ehe«, die noch Goethe bewunderte.

Die junge Herzogin von Lothringen sah das Erbland ihres Gatten nie; er trat es wenig später ab. Als sie im ersten Wochenbett lag, war er in den Türkenkriegen, sie hatte eine irrsinnige Angst um ihn. Direkt aus dem zweiten Wochenbett heraus fuhr sie, nunmehr Herzogin von Toskana, ein einziges Mal mitten im Winter nach Florenz. Es war eisig, und sie fror jämmerlich auf den Marmorfußböden, sang aber, ohne sich zu zieren, und begleitete sich auf dem Spinett; dafür liebten die Toskaner sie sofort. Den Triumphbogen, den man ihr errichtete – er steht noch heute auf der Piazza Cavour –, sah sie nicht, sie kam nie wieder dorthin. Die dritte Entbindung innerhalb der ersten vier Ehejahre brachte wiederum ein Mädchen. Die Bayern fingen bereits an, gegen das Weiberregiment in Wien Stimmung zu machen. Am meisten enttäuscht war der Großvater. Er erlebte den späteren Kaiser Joseph nicht mehr. Bald danach erkältete er sich auf der Jagd in Ungarn, wurde rasch schwach. Humorvoll meinte er, sein großes, schweres Herz würde sich wohl kaum in das dafür vorgesehene kostbare Gefäß hineinquetschen lassen, das er sich fürsorglich zeigen ließ. Die wiederum schwangere Maria Theresia brach fast zusammen, als man sie ans Sterbebett ließ, so elend sah der Vater aus. Er segnete sie, verbot ihr, das Zimmer nochmals zu betreten, blieb mit dem Franzl allein, segnete die Tochter noch ein letztes Mal stumm, »indem er sich gegen die Gemächer kehrete, in denen sie sich befand«, und starb am 20. Oktober 1740.

Es war kein leichtes Erbe, das die Dreiundzwanzigjährige antrat. Die unglücklichen Kriege der letzten Jahre hatten Provinzen gekostet, die

Finanzen waren zerrüttet, das Militärwesen im argen, die Festungen verwahrlost, das Heer zertrümmert. Die Ungarn schimpften, man behandle sie derart mißtrauisch, als »bräche dort jeden Tag der Aufstand aus«. Die Bayern standen in Böhmen. Die Stimmung der Bevölkerung war niedergedrückt, gegen die Generale lagen zum Teil schwerste Anschuldigungen vor. Als Ratgeber standen ihr einige schwerhörige Wackelgreise zwischen siebzig und achtzig zur Seite, die sie aus Respekt und weil »keine Erfahrung im Aussuchen der Räte ihr beiwohnte«, zunächst nicht ersetzte. Sie nahm sich ihren Franzl zum Mitregenten, trat bescheiden, aber fest auf. Ein Vertreter der Prälaten, der angewiesen war, ihre Wünsche glatt abzulehnen, bewilligte ihr nach kurzer Unterredung alles und bemerkte auf Vorwürfe: »Geht nur selbst herein zu ihr und sehet, ob man ihr etwas abschlagen kann.«

Sie war entzückend anzusehen, die Ehe bekam ihr glänzend, sie trug das großäugige Köpfchen graziös auf dem langen Hals, hatte frische Farben, tiefblaue Augen, sprach trotz ihrer »anfänglichen Timidität« mit Wärme und Natürlichkeit.

Auf Preußens Thron saß seit wenigen Monaten Friedrich, versicherte die »Königin von Ungarn und Böhmen seiner freundschaftlichen Gesinnung« und schielte nach Schlesien. Die beiden konnten sich von Anfang an nicht ausstehen. »Soferne nicht allzeit gesegneten Leibes gewesen, hätte mich gewiß Niemand aufgehalten, selbst diesem so meineydigen Feinde entgegenzusetzen«, schrieb sie. Man sieht sie förmlich zu Pferd, »auf Männerart placiret«, denn nur während ihrer Schwangerschaften reitet sie »auf weiberisch«. »Das böse Princip« nannte sie Friedrich, der in allem ihr extremer Gegensatz war. Für sie war die Krönung (sie reiste dazu, in weiße Seide gekleidet, auf reichbeflaggten Schiffen nach Preßburg) ein feierlicher, heiliger Akt, Symbol göttlicher Gnade und Berufung. Er schrieb über die seine an Voltaire: »Ich fahre jetzt nach Preußen, um mir ohne das heilige Ölfläschchen und ohne die unnützen und nichtigen Zeremonien, die die Ignoranz eingeführt hat, huldigen zu lassen.«

In gewisser Hinsicht war der bitterlich-zynische Weltmann der hausbackenen Grande Dame überlegen: er nahm auf nichts Rücksicht. Für ihn war Glück ein persönliches Attribut. Maria Theresia enthob den geliebten Schwager Karl von Lothringen erst nach vierfacher Niederlage seines Feldherrnpostens. Er schrieb an Podewils: »Ich gebe Ihnen ein Rätsel zu lösen: Wenn man im Vorteil ist, soll man ihn nutzen oder nicht?« Sie bei anderer Gelegenheit: »... Man muß Opfer bringen können und nicht um eines ... Gewinnes willen seinen guten Ruf bei Gott und den Menschen aufs Spiel setzen.«

Am 13. März 1741 gebar sie leicht und rasch den Thronfolger und begrüßte ihn mit dem wohl noch nie erklungenen Jubelruf: »Ach, ich wollt' ich wäre schon wieder im sechsten Monat einer neuen Schwangerschaft!« Sechzehn Bischöfe tauften das Kind, und die Wiener brachen in eine Orgie von Knittelversen derbster Art aus, weil der Franzl einen Buben zuwege gebracht habe. Maria Theresia war nicht schockiert, fuhr nach ihrem »Hervorgange« und der Dankesmesse langsam mit dem Wagen durch die Stadt und ließ vor den komischsten Inschriften belustigt halten.

Noch im gleichen Herbst kam es zu der in allen Lesebüchern geschilderten rührenden Szene vor dem Reichstag von Preßburg, bei der sie in einer lateinischen Ansprache »die treuen und altbewährt tapferen Ungarn« um Hilfe anging. Daß sie Trauerkleidung trug, stimmt (das Trauerjahr um den »Papa« war noch nicht um), daß sie den winzigen Erzherzog Joseph in den Armen hielt, ist Unsinn. Das Baby lag friedlich daheim in der Wiener Hofburg in seiner mit goldenen Blattrollen gezierten Wiege. Das Zittern ihrer Stimme, als sie sagte: »Es geht um unser Reich und unsere Kinder«, der Zauber ihrer Erscheinung genügten:

die Ungarn brachten ein Heer von zwanzigtausend Mann auf. (Hunderttausend hatten sie in der ersten Aufwallung versprochen.)

Das Kriegsglück war ihr dennoch nicht hold. Ein anderer sehnlicher Wunsch aber ging ihr in Erfüllung: Am 13. September 1745 wurde der Franzl Kaiser. Sie wollte sich nicht, wie es Brauch war, in Frankfurt neben ihm krönen lassen, sie war, wie gewöhnlich, schwanger, und wegen dieser bei ihr ungewohnten Eitelkeitsregung stritten sie sich erbittert. Oft hatten sie – stets wegen Nebendingen, nie wegen Staatsfragen – erfrischende Kräche miteinander, waren dann »beyde krank vor Ärger und Schmertz« und versöhnten sich mit Genuß.

Als »ihr Alter«, wie sie ihn nannte, ihr nach der Krönung, würdig schreitend, seine possierlichen Prunkhandschuhe, Reichsapfel und Zepter entgegenhob, brach sie in ein »unendliches Lachen« aus, winkte mit dem Schnupftuch und rief begeistert »Vivat, Kaiser Franz!«.

In Wien ließ das Paar auch nach der Kaiserkrönung die alte Etikette nicht wieder gerinnen, sondern laut Khevenhüller »alles auf dem vorherigen Fuße beruhen«. In Schönbrunn hängt das rührend dilettantisch gemalte Bildchen ihrer Tochter: ›Nikolobescherung‹. Der Kaiser in Nachtmütze und Schlafrock trinkt seine Schokolade, einige brav gewesene Erzherzöge kauen Lebkuchen, die kleine Marie Antoinette spielt mit einer Puppe, auch eine Rute ist da, wahrscheinlich für den schwierigen und störrischen Joseph. Auf den entsetzten Einwand der Erzieher, kein österreichischer Erzherzog habe je die Rute bekommen, sagte Maria Theresia lakonisch: »Sie sind auch danach geraten!« Schriftlich legte sie fest: »Die Saubrigkeit ist genau zu beachten, sowohl im Waschen als im Kämpeln, das alle Tage geschehen soll. Die Kinder seynd gebohren zu gehorsamen, mithin bei zeiten selbes gewohnen sollen.«

Sie hing glühend an ihnen allen, gab den neu zur Welt kommenden die Namen der abgestorbenen, trotzte sie so gewissermaßen Gott noch einmal ab, in dessen Willen sie sonst so fromm ergeben war. (Erst nach zwei gestorbenen Charlotten blieb eine am Leben.) Dreißig Jahre lang schlief sie mit dem Kaiser in einem Doppelbett. Ein Wohlmeinender, der Ansicht, sie litte unter den schweren Regierungsaufgaben und dem »allzeyt gesegneten Leibszustand«, riet Franz Stephan zu einer Trennung der kaiserlichen Schlafgelegenheiten. Er trat in ein Wespennest ungeahnten Ausmaßes. Maria Theresia widersprach erbittert und verfolgte den Ratgeber mit ihrem Übelwollen. (Sie war jähzornig, man schob es auf ihren Blutdruck.) Rationale Staatsbegriffe, Aufklärung, alles

Abstrakte waren ihr unbegreiflich; Toleranz in religiösen Dingen – Franzl sagte: »Ich habe den Glauben eines Köhlers« – wären ihr nicht im Traum eingefallen. Ihre »sothanen Länder, deren allgemeine und erste Mutter bin«, sollten im Rang noch vor ihren Kindern rangieren; was zu ihrem Wohl diente, glaubte sie als Mutter besser zu wissen. Hämisch schrieb die große Katharina von Rußland: »Was die ehrwürdige Frau Betschwester angeht, so ... leidet sie an großen Anfechtungen der Hab- und Herrschsucht... da sie jedoch ihrem Mann treu ist, hat sie ja alle Tugend...« Maria Theresia duldete Schnüffelei und Denunziation, gründete eine »Keuschheitskommission«; und Casanova vermerkt verschnupft: »... die Bigotterie der Kaiserin gestaltete die Freuden der Venus in Wien recht schwierig.« In den Gefängnissen wurde noch gefoltert, und erst ihr Sohn Joseph schaffte die Leibeigenschaft ab.

Als sie ihr 16. Kind gebar, brach der Siebenjährige Krieg aus, den sie stets gefürchtet hatte. Sie litt menschlich, gewissermaßen als Hausmutter. »So leicht als wir diesen Orth nahmen«, schreibt sie an Kaunitz, »so leicht ist er wieder zu verliehren und kein secours kan ihnen nicht geschickt werden, mithin die troupen verlohren!«

Ein Jahr nach Ausbruch des Siebenjährigen Krieges schwebte der sechzehnjährige Thronfolger in Lebensgefahr: er hatte die Blattern. Sie rang mit ihren Heiligen um sein Leben, er genas, sie ließ ein Tedeum lesen und einen Tag lang an den Stadttoren den Eingangs- und Ausgangszoll streichen. 1761 starb ihr der zweite Bub, der dem Vater ähnlichere, der ebenfalls sechzehnjährige Karl, an den Blattern. Es heißt, sie habe ihn vorgezogen; zu beweisen ist es nicht.

Sie war inzwischen gewaltig in die Breite gegangen, »ich bin sehr fett und rot wie meine hochseligste Mutter«, sorgte sich nicht um ihre Schönheit, verwendete weder Zeit noch Sorgfalt auf ihre Toiletten. Ihr Reiz war ihre strahlende Gesundheit: Sie war zäh und wußte nichts von Rheuma oder Erkältungen, hatte immer das Fenster offen, manchmal wehte ein wenig Schnee auf die diensttuende Kammerfrau. Sie reformierte die Schulen und riet ihren Kindern dringlich, mehr zu lesen, kam aber selber kaum dazu. Als der Dichter Gottsched sie besuchte, dessen überschwengliche, ihr gewidmete Gedichte, sie nicht gelesen hatte, sagte sie liebenswürdig: »Entschuldigen Sie unseren Dialekt, wir Österreicher haben eine sehr schlechte Sprache.« Musik war schon eher ihr Fall, zu gern hätte sie in der Oper mitgesungen, ließ es aber sein, weil es »contra decorum laufen würde, wenn eine regierende Fürstin sich en spectacle geben wollt!« Ihr Allerschönstes aber waren Faschingsfeste. 1743 tanzte sie den ganzen Nachmittag, fuhr dann ins Ballhaus, von dort im Domino zum Maskenball auf der Laimgrube, zurück ins Ballhaus und tanzte dort wie ein Brummkreisel bis zum Kehraus früh um acht. Danach ging sie zur Aschermittwochsfeier, ließ sich tief ergriffen das Aschenkreuz machen und kehrte zu ihrer Arbeit an den Schreibtisch zurück. Sie brauchte wenig Schlaf, stand frisch und munter bereits um vier Uhr auf, kam nur so durch ihr Tagespensum, denn vom Zusammensein mit der Familie ließ sie sich nichts abhandeln. In einem Brief erwähnte sie: »Viermal habe ich neu angesetzt: sechs Kinder samt dem Kaiser im Zimmer, habe ich schreiben müssen, man merkt es ...«

Sie trieb keinerlei Aufwand, machte sich nichts aus Schmuckstücken, für die der Franzl viel übrig hatte. Das verfallene Schönbrunn aber wollte sie gern wieder auf- und ausbauen und lieh sich dazu bei dem portugiesischen Juden Diego d'Aquilla Geld. Der Bau dauerte lang, aber sie erlebte es noch so, wie es heute steht, samt der Gloriette und dem schönen Brunnen, der dem Schloß den Namen gab.

Bei allem fragte sie zuerst ihren Mann, der immer stiller wurde und sich an Jagd und Blumen freute; dennoch war sie als Gattin nicht immer bequem. Als Mutter aber war sie wahrhaft groß, weise, fast prophetisch in ihrer Sorge. So manches Mal aß sie mit den ferngetrauten Töchtern die letzte Mahlzeit allein auf ihrem Zimmer, konnte vor Weinen keinen Bissen herunterbringen, sah sie in sechsspänniger Kutsche ihrem Schicksal entgegenfahren, pflasterte ihr Kabinett mit ihren Bildern: als Kind, als junges Mädchen, als Fürstin im Staatskleide, zufrieden »wenn nur Gestalt und Haltung ein wenig ähnlich seynd«. Alle blieben ihre Kinder, »gebohren um zu gehorsamen«. Sie mahnt Marie Antoinette, sich die Zähne zu putzen, auf ihre Figur zu achten und öfter als bisher im Büchlein ›Das geistige Jahr‹ zu lesen, das die Mutter ihr mitgegeben hat. Aber sie sagt ihr Anfeuerndes, Schmeichelndes, will ihr gern Korsetts in Wien machen lassen, wenn sie nur die Maße schickt, weil doch die in Paris zu fest sein sollen. Sie redet ihr zu, die Dubarry zu grüßen und nett zu ihr zu sein, aus Rücksicht auf ihren Schwiegergroßvater, den König (»dessen erste Untertanin Sie sind«), schimpft über die Frisur, die »von den Haarwurzeln 36 Zoll in die Höhe geht und mit soviel Bändern und Federn geschmückt ist«. Eine junge, hübsche Königin, meinte sie, hat »solche Tollheiten nicht nötig«. Sie zeigt sich »niedergebeugt und voller Sorge um die Diamantengeschichte... ach, der französische Leichtsinn...«, wiederholt mehrfach »Sie erfüllen Ihre Pflicht gegenüber Ihrem Gemahl nicht!«, gibt Ratschläge, den künftigen Dauphin nicht zu fest zu wickeln und ihm keinen Mehlpapp zu geben, und schreibt schon 1771 die ahnungsvollen Worte: »Ich sehe, wie Du mit einer gewissen Lässigkeit in Dein Verderben rennst!« Auch Erzherzog Ferdinand kriegt eines drauf: »Ich muß Ihnen bemerken, daß Ihr Brief an Ihren Bruder mir keineswegs gefällt... vor allem eignet er sich weder für das Alter Ihres Bruders noch für den Stand, für den er bestimmt ist...«; und ein andermal: »Was lesen Sie, um Ihren Geist zu bilden, denn Schmöker allein tun es nicht?... Setzen Sie täglich eine Stunde dafür fest, aber dann dürfen Sie keine Albernheiten treiben oder mit den Hunden spielen. Sie werden bald zwanzig Jahre...«

Als »treue und zärtliche Freundin und Mutter« versucht sie auch bei den Töchtern ein wenig zu steuern, rät Christine, die eine Liebesheirat schließen durfte, »mit den unschuldigsten Liebkosungen sparsam zu sein, damit man diese suche«, und der kühlen Karoline, die aus Staatsräson verheiratet wurde: »Laß deinen Gatten so wenig wie möglich allein. Für den kleinen Zwang oder die Langeweile, die du anfangs verspüren wirst, wird dich die Ruhe belohnen, die du dein ganzes übriges Leben genießen wirst«; aber auch:

»Zeige dich nicht im Hausanzug, bei einer verheirateten Frau ist nichts mehr harmlos!«

Voller Sorge betet sie für ihr Problemkind Joseph, der nach leidenschaftlich glücklicher Ehe früh verwitwet, ein schroffer, harter Mann zu werden droht. »Hüte dich vor geistreichen Bosheiten«, warnt sie, »noch ist dein Herz nicht böse, aber es wird es werden.«

Einer Schwiegertochter schrieb sie spontan am 2. Juli 1772: »Ich möchte Sie beim Kopf nehmen und abküssen, wie fein und hübsch beschreibt sie das! Sie sind eine Malerin und alles, was Sie wollen. Meine liebe Tochter, wie glücklich sind wir, Sie zu besitzen.«

Freude hatte sie auch an ihrem Sohn Leopold, seiner spanischen Frau und deren späteren zehn Kindern, obwohl die Hochzeit in Innsbruck unter so unseligen Vorzeichen gestanden hatte. Der Bräutigam konnte sich vor Fieber kaum am Altar aufrecht halten, und noch während sie sich um ihn sorgte, verließ vierzehn Tage nach der Trauung der Kaiser vorzeitig die italienische Opernvorführung, weil ihm schwindlig war, sagte »Au revoir mesdames, messieurs, au souper« und brach in einer Tür der Innsbrucker Hofburg vom Schlag getroffen zusammen. Er war noch keine siebenundfünfzig.

Maria Theresia konnte – völlig versteinert – erst

weinen, als man sie zur Ader ließ. Ihr Leben war zu Ende, es war keine Phrase. Noch in der gleichen Nacht verteilte sie, konvulsivisch schluchzend, ihre Staatsroben und ihren gesamten Schmuck unter ihre Töchter und Schwiegertöchter und ließ sich das Haar abschneiden. Man sah sie bis zu ihrem Tode nie mehr anders als in Trauer mit der unter dem Kinn gebundenen Witwenhaube. Die fünfzehn Jahre, die ihr blieben, bittere, tragisch vereinsamte Jahre, verwendete sie, »um sich auf das Jenseits vorzubereiten, das mich mit dem Gegenstand meiner Liebe wieder vereinen wird«. Jeden Gedenktag ihrer Ehe verbrachte sie völlig zurückgezogen im Gebet, und der Franzl verklärte sich ihrem Erinnern weit über sein Format hinaus. Noch elf Jahre später schrieb sie: »Was seitdem geschehen ist, kommt mir wie ein Traum vor und als ob ich außer der Welt gewesen wäre...« Oft ging sie für Stunden hinunter in die Kapuzinergruft, wo noch zu ihren Lebzeiten das einzige gemütliche Grabdenkmal der Welt entstand: jung und blühend lehnen Kaiser und Kaiserin auf ihrem gewaltigen Doppelsarg, die bronzenen Prunkgewänder gefällig unter sich gebreitet. Maria Theresia scheint die Drommete des Auferstehungsengels zu ihren Häuptern als erste vernommen zu haben und liebevoll hinüberzufragen: »Also, was ist, Franzl, pack mer's?«

Die Arbeit hielt sie einigermaßen aufrecht. »Wenn ich abgespannt bin, mache ich es wie die Hunde, die jederzeit schlafen können. Ich tue es nicht zu meiner Erhaltung, aber aus Liebe zu meinen Kindern, da ich sie zärtlich liebe, ist mir kein Opfer zu schwer...« und »Die Königin von Frankreich wird gegen Mitte Dezember niederkommen, die von Neapel im Januar und Sie, meine liebe Tochter, Ende Februar. Die Wintermonate werden sich mithin durch tröstlichere Ereignisse auszeichnen...« Noch immer war sie wie eine Tür, die man aufmacht, und aus dem Raum entwich die Dunkelheit wie ein Qualm. Um Joseph, der sofort nach dem Tode seines Vaters ihr Mitregent wurde, warb sie demütig und innig: »Sage mir aufrichtig... meine Fehler, meine Schwächen. Ein Gleiches will ich auch tun, aber Niemand außer uns darf glauben oder nur ahnen, daß eine Meinungsverschiedenheit zwischen uns besteht.« Diese Meinungsverschiedenheit bestand, und die Kaiserin empfand sie als ein »wahrhaft großes Unglück«. »Du denkst als Staatsmann, ich aber als Frau und Mutter.« Am 25. Juli 1778 schrieb sie ihm jenen Brief, der sie in ihrer ganzen Größe zeigt. »Mein lieber Sohn, man muß den Mut haben, sich selbst aufzuopfern und gerecht zu urteilen. Wir waren eine große Macht, aber wir sind es nicht mehr. Man muß sein

Haupt beugen und wenigstens die Trümmer retten, und die Völker, die uns noch bleiben, glücklicher machen, als sie es während meiner unglücklichen Regierung waren ...« Was für ungewohnte Töne bei einer Kaiserin!

Sie verlor Schlesien, sie setzte in weiblicher, in mütterlicher Dickköpfigkeit den Frieden durch gegen ihren Sohn. »Gib denen, die es so sehr verdienen, die Ruhe, den Frieden, das Glück zurück und erwirb dir dadurch größeren Ruhm als durch alle Titel eines Eroberers. Ich umarme dich, deine gute alte Mutter.« Als der Krieg gegen den verhaßten Erzfeind Friedrich nicht losbrach, ließ sie ein Tedeum lesen und schrieb an Kaunitz: »... ich habe heut gloriose meine carriere geendigt... das übrige wird nicht mehr in villem bestehen.«

Doch, es bestand noch aus vielem Leiden. Sie hatte Herzasthma und erstickte langsam und qualvoll. Erst am 29. November 1780 bekam sie, in einen alten braunen Männerschlafrock gehüllt, auf einem Kanapee in der Hofburg die letzte Ölung. Es regnete und stürmte, novemberkahl standen die Bäume. »Schlechtes Wetter für eine so große Reise«, meinte sie heiter. Ihre Kinder waren bei ihr, sie schickte die Töchter hinaus, wollte sie auch im Vorzimmer nicht haben, damit sie nicht so litten und um »ihre hutzer und schneitzer nicht zu hören«, ließ nur den Kaiser, Erzherzog Maximilian und den Schwiegersohn Albert von Sachsen um sich. »Ew. Majestät liegen sehr schlecht«, sagte Joseph tränenerstickt. »Ja«, erwiderte sie, »gut genug, um zu sterben«, und wandte nach wenigen Atemzügen den Kopf zur Seite. Am 13. Mai waren es zweihundertsiebzig Jahre, daß die »weiße Liesl« sie zur Welt brachte.

Königin Johanna von Spanien

Nach den backofenwarmen, oben zusammengewachsenen Gassen Granadas war es in der königlichen Gruft so kalt, daß einem zumute war, als überzöge man sich mit hauchdünnem Eis. Hinter den Gitterstäben schliefen die vier spanischen Majestäten. Ich ging zwischen den Grabmonumenten hin und her, reckte mich auf die Zehen, hielt mich an den steinernen Schoß- und Jagdhündchen fest, die in geziemendem Schmerz zur Fußstütze erstarrt waren, konnte die altmodische Schrift der Tafeln nicht lesen.

Das erste, was ich von Johanna sah, waren die abgebrochenen Marmorfinger, zwischen die man das Szepter gesteckt hatte wie eine Blume, wie einen Quirl. Sie hatten das Szepter nie wirklich gehalten, nie geführt, und das hatte der Bildhauer gewußt. Ihr Mann, Philipp der Schöne, von dem sie das Gesicht ein wenig abwandte, ein belangloser Niemand mit einer Ordenskette um den Hals, auch der listenreiche Ferdinand und seine tapfere Isabella lagen in augustaler Behaglichkeit da und ruhten aus. Johanna nicht. Aufgebahrt war die geschönte, geglättete Nachbildung einer gequälten, alterslosen Frau. Ihre Augenhöhlen waren eingesunken, ihr Haar hing strähnig wie bei einer Kranken, der Kronreif hielt es mühsam in Form. Der verkniffene, bitter verzogene Mund mit der stärker ausgeprägten Unterlippe sah aus, als habe man ihn für den Bildhauer mit einem Tuch zugebunden, als könne er sich öffnen, sabbern, fahles Zahnfleisch zeigen. Das Umlügen eines von der Streckbank genommenen Gefolterten zu einem majestätisch-frommen Engel war mißglückt.

»Mein Gott, wer ist denn das?« fragte ich den Mesner.

»La Loca, die Wahnsinnige«, sagte er kurz und steckte neue Kerzen in die hohen Leuchter.

Erst viele Jahre später begegnete ich Johanna wirklich. Ein amerikanischer Historiker, Townsend Miller, machte mich mit ihr bekannt. Er hat sie in einem Buch beschrieben, durch seine Daten und Details wurde ich mit ihrem Leben vertrauter. Ich sah ein Jugendbild von ihr, das aus der Sedgwick Collection in Santa Barbara stammt. Es ist erschreckend. Das junge Mädchen in seinem kostbaren Rahmen schaut einen nicht an. Sie will nichts und niemanden sehen. Ihre Augen – das linke schielt etwas, der Maler hat versucht, es zu vertuschen – sind dunkel und blicklos, als habe sie eben geweint, die Lider noch etwas geschwollen. Johanna aus dem Hause Trastamara: ein argwöhnischer, depressiver Mensch mit hoher gewölbter Stirn und schmaler Nase. Wenn sie, wie man meinen möchte, auf dem Bild etwa fünfzehn ist, so lebte sie noch im Kreis der Eltern und Geschwister, noch hat nichts von dem ihr bevorstehenden Unheil sie getroffen, und doch ist sie bereits nicht mehr zu erfreuen, nicht mehr glücklich zu machen, nicht mehr zu retten. Am unteren Bildrand halten ihre langen, wie durch Wasser gesehenen Finger eine Rosenknospe, unbeteiligt, leblos. Es ist, als strecke eine fremde Hand sich ins Bild.

Johanna wurde am 6. November 1479 in Toledo geboren, an einem kalten, holzrauchdurchzogenen Morgen in einem Schlafzimmer des Grafen von Cifuentes, weil ihre Mutter, die große Isabella von Kastilien, überall niederkam, wo die Wehen sie gerade überfielen. Die königliche Familie besaß kein Heim und keine Residenz, man zog umher wie die Kesselflicker.

Johanna war das dritte von fünf Kindern. Sie wuchs in den seidenen Zelten ihrer Eltern auf, die Krieg gegen die Ungläubigen führten, und, als die Mauren aus Spanien vertrieben waren, im topasfarbenen Licht der steinernen Höfe der eroberten Alhambra. Sie entwickelte sich rasch, war frühreif, sehr begabt, überdurchschnittlich musikalisch. Die ausländischen Gesandten, vor denen sie sich auf Wunsch der Eltern produzieren mußte, berichteten sehr unterschiedlich über sie: der eine, sie »habe keinerlei besonderen Charme«, der andere, sie sei »die Schönheit der Familie«. Sie machte seltsam unkindliche, bissige Bemerkungen, galt als kalt und exzentrisch. Von den fünf Kindern der Katholischen Könige lernte sie am leichtesten, schrieb und sprach bald fließend lateinisch. Zu ihrer großartigen, bäuerlich geradlinigen, frommen Mutter wahrte sie kühle Distanz. Am Vater hing sie mit scheuer, verklemmter Zuneigung, die wohl schon mit jener pathologischen Unersättlichkeit getränkt war, mit der sie stets geliebt werden wollte, ohne selbst lieben zu können. Von den Geschwistern isolierte sie sich auf bockige, hoffärtige Weise. Sie war gern allein, neigte zur Schwermut. Ihr Leben lang besaß sie keine Freundin, keine Vertraute und hätte doch so dringend eine gebraucht. Sie stieß alle durch ihr schroffes Wesen vor den Kopf, das, als die Weltgeschichte sich mit ihr zu beschäftigen begann, in echt spanischen Stolz umgefälscht wurde. Äußerlich glich sie ihrer geisteskranken Großmutter mütterlicherseits. Sie war gehemmt und unliebenswürdig. Sie war gefährdet.

Als Tochter der Katholischen Könige war sie von der Wiege an Schachfigur in der Allianzpolitik Europas. Was konnten ihre Eltern, was konnten die ausländischen Fürstenhöfe durch sie gewinnen? Die Möglichkeiten waren nicht sehr groß. Der Balkan war von den Türken besetzt. Rußland und Skandinavien lagen so gut wie hinterm Mond. Italien war in lauter kleine Fürstentümer zerstückelt, die nicht lohnten. Der Heiratsmarkt beschränkte sich somit auf Frankreich, England, Portugal und das Heilige Römische Reich Deutscher Nation. Im Jahre 1488 entsandte der spätere Kaiser Maximilian eine Abordnung, um die Hand Johannas oder ihrer jüngeren Schwester Maria (er überließ die Wahl den Eltern) für seinen einzigen Sohn zu erbitten. Der Sohn war derzeit zehn Jahre alt, trug Pagenkopf, war ein vorzüglicher Reiter, Fechter, hieß Philipp, war bereits König der Niederlande und durch mütterliche Erbschaft Herzog von Burgund. Die Katholischen Könige waren dem Projekt nicht abgeneigt. Sie wählten Johanna. Man wechselte jahrelang höfliche Briefe, schickte einen spanischen Geistlichen nach Flandern, einen flämischen Haushofmeister nach Spanien. Erst 1494 wurde, nach manchen politischen Zwischenfällen, der Ehekontrakt schriftlich festgelegt. Zu Beginn des Jahres 1496 begann die umsichtige Schwiegermutter das Brautgeleit zu organisieren, das Johanna nach Norden bringen, dort gleich die Gegenbraut, Margarete von Habsburg, Philipps Schwester, für den spanischen Thronerben abholen sollte. Keines der zwei Mädchen sollte eine Mitgift einbringen, der Unterhalt ihrer jeweiligen persönlichen Suite sollte zu Lasten des Landes gehen, in das sie kamen, also entsandte man ein möglichst großes Gefolge. Auch sollte dem Erzfeind Frankreich gezeigt werden, welche Macht Spanien geworden war. Isabella die Tüchtige rüstete einhundertdreißig Schiffe aus, ließ Proviant an Bord schaffen: unter anderem fünfundachtzigtausend Pfund Fleisch, einhundertfünfzigtausend Heringe, eintausend Hühner und zehntausend Eier, zweitausend Gallonen Essig und vierhundert Fässer Wein. Die sechzehnjährige Johanna wurde mit ihrem Philipp, den man in Europa mittlerweile »den Schönen« nannte, ferngetraut, in Valladolid, wo auch ihre Eltern einst geheiratet hatten, ohne einander zu kennen. Johanna hatte von ihrem Bräutigam bisher nur einen einzigen Brief erhalten, in lateinischer Sprache, den er nicht einmal selber geschrieben hatte, sondern hatte schreiben lassen. (Verglichen mit Johanna war er recht ungebildet.)

Im Hochsommer konnte sich die gewaltige Expeditionsarmee endlich nach Laredo begeben, von wo aus man sich einzuschiffen gedachte. Die persönliche Begleitung Johannas umfaßte die erlauchtesten Namen Spaniens. Auf den knarrenden, überhohen, deckslastigen Seelenverkäufern begleiteten sie Hofdamen, Hofmeister, Kaplane, Kammerherren, Schatzmeister, Beichtväter, Stallmeister und Dienerschaft. Mutter und Geschwister warteten im Hafen, denn die vollbeladene Armada konnte ungünstiger Winde wegen zwei Tage nicht auslaufen. Es war ungemütlich und herzzerreißend. Zwei Nächte schlief die Mutter noch an Bord bei der neugebackenen Erzherzogin, denn nach menschlichem Ermessen würde man einander nie wiedersehen. Flandern war durch ganz Europa von Spanien getrennt und Reisen zumal für Standespersonen unvorstellbar schwierig und auch aus politischen Gründen gefährlich. Isabella soll der Braut noch ausführliche politische Vorträge gehalten haben, die ihr in ein Ohr hinein-, beim anderen wieder herausgingen. Sie empfahl die Tochter inbrünstig Gottes Obhut, sah die Flotte davondümpeln, wartete noch einige Tage in Laredo auf Nachricht. Es kam keine. Unmittelbar nach der Ausreise brachen die Temporales, die gefürchteten Herbststürme, los; man hatte allzu lange über Rang- und Standeslisten gegrübelt. Johanna trieb, elend durchgeschaukelt, hilflos an der englischen Küste an, mußte dort besseres Wetter abwarten, setzte erst im September ihre Reise gen Osten fort. Sie sah zwei der Schiffe mit einem guten Teil ihrer Aussteuer untergehen, mußte selber in ein anderes Schiff umsteigen, von dem aus sie gefahrloser ausgebootet werden konnte, und erreichte schließlich Arnemuiden, wo sie an Land ging, bereit, dereinst an der Seite eines fremden jungen Mannes die Niederlande und Deutschland zu regieren.

Philipp war nicht da. Er war bei seinem Vater in Österreich. Dem Kurier, der ihm Johannas Aufbruch aus Spanien hätte melden sollen, war wegen ausgebrochener Feindseligkeiten mit Frankreich der Landweg versperrt gewesen. Er hatte die Schiffsreise mitmachen müssen und preschte erst nach der Landung zu seinem Herrn. Johanna richtete sich, noch immer wie betäubt, auf längeres Warten ein.

Dem flämischen Volk war die Ankunft seiner künftigen Königin ein willkommener Anlaß zu feiern, zu schmausen, zu tanzen, zu grölen. Szenen, wie später Pieter Breughel sie gemalt hat, entrollten sich vor den erstaunten Augen der Spanier, die Kargheit und steifes Zeremoniell gewohnt waren. Johanna ließ sich feiern, sie fuhr durch die mit Blumen und Zweigen geschmückten Straßen, sie trug ein Kleid aus Brokat, sie lächelte. (Es ist das einzige Mal, daß ein Lächeln von ihr registriert ist.) Kinderchöre sangen, das Volk stieß sich hin und her, um sie und ihre olivblassen, schwarzhaarigen Hofdamen zu begaffen. Wie anders sahen sie aus als die rosigen, goldblonden Niederländerinnen. Johanna erkältete sich gründlich, lag niesend und schniefend im Bett, als ihre neue Schwägerin, die Kaisertochter Margarete, sie besuchen kam. Es kam auch der Adel und machte seinen Kratzfuß, es kamen die Ritter vom Goldenen Vlies und machten ihre Aufwartung, es kam die Fürstinmutter Burgund. Alles war nur Vorbereitung, steigerte sich langsam dem Höhepunkt zu, der nun herannahte: Philipp kam in Parforceritten, wie nur ein Sportsmann sie durchhalten konnte, näher und näher. Er hatte sein Gefolge zurückgelassen und sich nur ein paar treue Freunde mitgenommen.

Die Hochzeit war für den 20. Oktober 1496 in Lier angesetzt. Schwägerin Margarete eilte voraus, um nach dem Rechten zu sehen. Ob der Bräutigam rechtzeitig eintreffen würde, schien ungewiß. Am 19. Oktober folgte ihr Johanna in das verträumte mittelalterliche Städtchen mit seinen Grachten und runden Brücken und wurde im Stadtpalais der Berthout-Mechelen untergebracht. Die Hofdamen zankten noch über die Verteilung der Zimmer, da donnerte Hufschlag in den Hof, Fackeln erhellten die frühe Dämmerung, es wurden Befehle gebrüllt. Die Tür flog auf, und über eine Ansammlung im Hofknicks versinkender und katzbuckelnder Höflinge hinweg sah sich das Erzherzogspaar zum erstenmal.

Es war, als schlüge der Blitz ein. Der Augenblick gab romantisierenden Geschichtsschreibern mehrere Jahrhunderte lang Stoff. Johanna hatte bisher nur formvollendete, reservierte, zeremonielle Menschen gekannt, war isoliert und einsam gewesen. Der dort hereinstürzende, erhitzte und zerzauste junge Athlet aber war völlig natürlich (es ist nicht ausgeschlossen, daß er sie über die geneigten Rücken und gesenkten Köpfe hinweg übermütig angegrinst hat) und ungezwungen. Er war blond und für damalige Begriffe bildschön. Er gehörte ihr. Seit Jahren hatte alle Welt sie auf ihn hingewiesen, ja hindressiert. Sie verlor den Kopf. Sie benahm sich nicht, wie eine stolze spanische Prinzessin es soll.

Philipp war nach den damals für Prinzen geltenden Gebräuchen äußerst frei erzogen, er hatte bei Frauen eine leichte Hand. Er war freudig überrascht, daß die kleine Sechzehnjährige aus dem fernen Land in Wirklichkeit nicht unansehnlich oder bucklig war. (Die vorausgesandten Porträts, gar die Beschreibungen von den Beichtvätern trogen oft.) Er sah sie tief erröten, ihre Verwirrung stand ihr reizend. Das Abenteuer, das ihm bevorstand, war legitim und schon dadurch ungewöhnlich. Mit mühsam verhehlter Ungeduld ließ er die langwierige Vorstellerei des Gefolges über sich ergehen und veranlaßte den nächstbesten Geistlichen, ihn auf der Stelle zu trauen. (Da es justament der Domdechant von Jaen war, ein Spanier, dem Philipp nicht zu befehlen hatte, scheint es Johanna selber gewesen zu sein, die den Geistlichen dazu aufforderte.) Die beiden knieten auf dem Parkett nieder, ließen sich segnen, und Philipp zerrte seine Braut aus dem Raum. In einem Parterrezimmer des düster-feuchten Stadtpalais, das auf die Nethe hinausging, »rissen sie sich die Kleider vom Leibe«. Die Hofdamen, die gerade noch Zeit fanden, ein gänzlich überflüssiges Kruzifix an die Decke des Betthimmels zu nageln, waren tief schockiert und sorgten dafür, daß ein Bericht dieser hitzigen *Consumatio* nach Spanien zur keuschen Isabella gelangte.

Die feierliche kirchliche Trauung am nächsten Tage war ein Volksfest für das ganze Land. Trompeten schmetterten, man rief Vivat, und unter dem Getrampel der Zuschauer brach eine Brücke über die Nethe. Beim Festmahl (kein Schloß war für die Fülle der Geladenen groß genug, man hatte einen alten Kornspeicher ausräumen müssen) wurden eintausendzweihundert Liter Wein getrunken, die Ratsherren von Lier beschenkten Philipp mit einem soeben ins Netz der Nethefischer gegangenen Riesenhecht, Symbol der Fruchtbarkeit und des langen Lebens. (Philipp wurde achtundzwanzig.) Lange ehe das Protokoll es erlaubte, verließ das verliebte Paar in würdeloser Hast das Fest. Beide hatten fast nichts getrunken, ihr Rausch war von anderer Art.

Die Fürstenhochzeit dauerte tagelang: Bälle, Empfänge fanden statt, Johanna zu Ehren wurden Turniere ausgetragen, bei denen Philipp meist am besten abschnitt. Der junge Erzherzog hatte nur zwei Defekte: schlechte Zähne (aber das hatten damals so gut wie alle) und eine ausgekegelte Kniescheibe, die er sich, wie es heißt, ohne vom Pferd zu steigen, an einer Wand unauffällig wieder einrenkte, wenn es nötig war. Fröhlich überreichte er die Ehrenpreise der inmitten ihrer Damen festlich prangenden Johanna, die ihren Gatten unverwandt mit den Blicken verschlang. »Sinnlos verliebt«, notierten zeitgenössische Chronisten, »wie betäubt«, schrieben die ausländischen Gesandten. Philipp war in allem das völlige Gegenteil von ihr: unkompliziert, burschikos, leutselig, unbedacht – in den Augen der frostig-verhemmten Johanna einfach ein Wunder. Geliebt hat er sie nie, hat es auch nie behauptet. Das sexuelle Element in dieser Konvenienzheirat war zerbrechlich wie eine Muschel, schillernd und leer.

Johanna, die Vernarrte, trat an der Seite Philipps ihre Hochzeitsreise an. Das Land war ihr denkbar fremd: grün, buschig, üppig fruchtbar, derb, feucht. Die Bürger, fett und aufgetakelt, tranken helles Bier und aßen grobe Kost. (Mandeln, Feigen und Oliven gab es überhaupt nicht.) Sie waren nur notdürftig fromm und von heillosen Sitten. Ehebruch wurde nicht mit dem Dolch gerächt, sondern mit brüllendem Gelächter abgetan, Männlein und Weiblein paarten sich wann und wo auch immer. Der Hof sprach von Bordellbesuchen wie von einem Detail der Jagd.

Hat das eben siebzehn werdende Kind all dies erfaßt und gewertet? Hat es daraus Rückschlüsse auf die Art des hier erzogenen und regierenden Monarchen gezogen? Johanna äußerte sich nicht, sie schrieb nicht nach Hause. Sie merkte nicht, daß sie und Philipp von den flämischen Politikern als Puppen in einem üblen Ränkespiel benutzt wurden. Die Anweisungen der politisch hochbegabten und klarsehenden Mutter waren längst vergessen. Es kümmerte sie nicht, daß ihre Geleitsflotte, von den Niederländern als eine Art Invasionsarmee scheel angesehen, kaltgestellt, schikaniert und isoliert an der Küste überwintern mußte, daß Seuchen ausbrachen. (Von den fünfzehntausend Spaniern, die mit ihr aus Laredo ausgelaufen waren, kehrten nur sechstausend heil zurück.) Sie hatte Schwierigkeiten mit dem Geld: Die zugestandenen Summen für ihre Hofhaltung wurden schleppend ausbezahlt oder verirrten sich gar in fremde Kassen. Sie geriet in bedrückende Klemmen, konnte nicht einmal ihre Dienerschaft entlohnen. Philipp war zu indolent, um durchzugreifen oder Autorität zu zeigen. Seine Räte hatten ihn bisher gegängelt und taten das auch weiter. Sie waren der Spanierin gegenüber von Anfang an feindlich eingestellt.

Von alledem verlautete nach Spanien nur so viel, wie die hohen Geistlichen, von der besorgten Mutter abgesandt, berichteten. Viele empfing Johanna überhaupt nicht, andere fertigte sie kurz ab. Sie sei merkwürdig, hieß es, sprunghaft, gequält, nervös. Man schob es auf die Schwangerschaft. Sie fragte nach niemandem, nicht nach den Eltern, nicht nach den Geschwistern. Man meinte, sie sei noch immer allzu glühend absorbiert von ihren Flitterwochen. Schon waren die Maße verlorengegangen, mit denen man sie hätte messen können, schon gab es bei keiner Melodie einen eindeutigen und reinen Ton mehr, schon zeigte sie, hätte man es zu deuten gewußt, das charakteristische Verhalten der Gemütskranken. Argwöhnisch und zerfahren gab sie halbe oder gar keine Auskünfte. Man schob es auf den gekränkten Stolz einer Prinzessin, der man nachspioniert. Sie habe am Tage der Himmelfahrt unseres Herrn nicht gebeichtet, obwohl ihr dazu zwei Geistliche geschickt worden seien? Na, und wenn schon, meinte sie schnippisch. Die Mutter daheim war entsetzt, wie sehr sie ihre religiösen Pflichten vernachlässigte.

Ihre Entbindung verlief leicht und glatt. Ihre Freundin (man zögert, den herzlichen Titel auf eine der Johanna umgebenden Damen anzuwenden) Maria Manuel blieb bei ihr und verließ sie »nicht für die Dauer eines einzigen Ave Maria«. Es heißt, sie sei während der Wehen umhergegangen, habe sogar gesungen. Das Kind war zur Enttäuschung des Hofes mit seinen akuten Erbfolgeproblemen ein Mädchen, man taufte es nach Philipps Großmutter Eleonore. Johanna sei, berichtete man in Spanien, keine liebevolle Mutter. Sie suche sich ihre Räume im spanischen Stil einzurichten: karg, würdig, beinahe kahl. In dem Stilwirrwarr und der Überladenheit des Palastes mit seinen Zinn-, Kristall-, Steingut- und Waffensammlungen sei ihr nicht wohl.

War ihr noch irgendwo wohl? Tat sich nicht auch schon in der neuen Umgebung der luftleere Raum auf, die Kluft, die sie einst von Geschwistern und Gleichaltrigen geschieden hatte? »Sie ist nicht glücklich«, resümierte der Beichtvater nach einem langen und quälenden Interview mit Johanna. Die Droge plötzlich gestillter Begierden wirkte nicht mehr. Das Wunder des Ehebetts war zu ihrem guten Recht geworden, das sie mit monomanischer Besessenheit verteidigte. Sie sprach ungern von Philipp und dann in heftigen Ausbrüchen. Sie war zerfressen von Mißtrauen und Argwohn. Sie machte ihm Eifersuchtsszenen, meist mit gutem Grund. Sie wollte überall zugleich sein, ihn überwachen. Der Reifrock verbarg ihre zweite Schwangerschaft. Sie besuchte am Sankt-Matthias-Tag den Hofball in Gent, um ihn nicht den feisten, üppigen Blondinen zu überlassen. Kurz nach Mitternacht wurde ihr elend. Sie begab sich in eine Galerie, in der sich ein primitiver Abort mit durchgefaulten Dielen befand, und gebar dort leicht und wie nebenbei einen Knaben. Das schwach aufquiekende Kerlchen, von den Kammerfrauen erschrocken entgegengenommen, sollte später als Karl V. über das Kaiserreich, Österreich, Spanien, die Niederlande und die amerikanischen Kolonien herrschen.

Seine Taufe war ein überwältigendes Fest. Johanna sah an der Seite Philipps vom Balkon des Palastes dem Feuerwerk und dem Schaugepränge zu: Die Artillerie donnerte, Prunkwagen, Prunkschiffe mit allegorischen Darstellungen zogen zu Hunderten vorüber, zehntausend Fackeln qualmten und loderten neben dem Taufzug, das Volk feierte jubelnd, und die Schankwirte machten ein ausgezeichnetes Geschäft.

Inzwischen war Johannas Bruder, der Thronerbe Spaniens, plötzlich gestorben, seine junge Witwe hatte eine Fehlgeburt gehabt und war tiefbetrübt nach Flandern heimgekehrt. Johannas ältere Schwester, die nächste in der Reihe, war im Kindbett gestorben und ihr kleiner Sohn, die Hoffnung der alternden Isabella und ihres Ferdinand, erloschen wie ein Licht. Urplötzlich war die Erzherzogin, die geglaubt hatte, ihre Heimat für immer verlassen zu haben, Erbin der Krone Spaniens. Johanna die Unberechenbare schien zunächst froh, durch diese Krone Macht über ihren Gatten zu haben. Die notwendige Reise in die Heimat zögerte sie jedoch immer wieder hinaus. Erst nach Jahren, nach der Geburt einer weiteren Tochter, machten sich die beiden auf, über Frankreich, um nicht wieder den Zufällen des Meeres ausgesetzt zu sein, und nahmen ihren gesamten Hofstaat mit: endlose Gepäckwagenkolonnen mit Geschirr, Silber, Gobelins, Möbeln. In Paris drängte man sich, um sie zu sehen, Kopf an Kopf, es gab mehrere Tote.

Ludwig von Valois erwartete sie in seinem Schloß Blois. »Quel beau prince!« rief er aus, als Philipp nähertrat und sich verneigte. Die beiden amüsierten sich köstlich miteinander, sie gingen auf Hirschjagd und Falkenbeize, spielten Tennis und Karten. Johanna wurde von der Königin und anderen rangbewußten Damen eingekreist, isoliert, langweilte sich in den eisigen, weihrauchdurchzogenen Kirchen, auf Damengesellschaften (sie langweilte sich stets mit Frauen und zog Männergesellschaften vor). Überall witterte sie Zurücksetzungen und Kränkungen.

Das in den Windeln liegende französische Königskind wurde aus politischen Gründen mit ihrem winzigen Söhnchen Karl verlobt, das Ehegelöbnis aufgesetzt und unterzeichnet. Johanna konnte nicht umhin, ihrer künftigen Schwiegertochter ein Geschenk zu hinterlassen. Sie wählte eine Brosche mit der Abbildung eines nackten Mannes. Bis heute rätseln die Chronisten, wie sie das gemeint haben mag.

Auf der Weiterreise gerieten sie in den Winter, in pfeifende Stürme, in Überschwemmungen. Die meisten der Gepäckwagen mußten an den Pyrenäen zurückbleiben, das Unerläßlichste wurde auf Maultiere umgeladen.

Schwiegervater Ferdinand zog ihnen ein Stück entgegen. Philipp bekam ausgerechnet jetzt die Masern, es mußte haltgemacht werden. In dem Nest, Olias mit Namen, erfuhr Johanna, die sich auf dem Balkon eines Hauses erging, daß ihr Vater eingetroffen sei. Sie lief hinunter in den Hof, umarmte ihn lachend und weinend, zog ihn zu ihrem Mann, der die Nachtmütze aufhatte und versuchte, im Bett eine gute Figur zu machen.

Viel feierlicher war dann das Wiedersehen mit der Mutter, die sie im Portal der Kathedrale von Toledo erwartete, hohe Geistlichkeit neben sich. Isabella wollte dem Volk zeigen, daß hier die künftigen Herrscher kamen.

Das erste, gemeinsame Familienessen war äußerst beklommen. Philipp hatte sich in Samt und Seide geworfen und wirkte wie ein Parvenu gegen die in dunkle Wolle gekleideten würdigen Schwiegereltern. Johanna war nervös, mußte vom Französischen ins Spanische und wieder zurück dolmetschen und witterte, daß ihr Mann enttäuschte. Die Eltern waren von schweren Sorgen bedrückt und wortkarg. Diesem überspannten Geschöpf und ihrem politisch törichten und leicht beeinflußbaren Mann sollten sie die ungeheure Aufgabe, Spanien zusammenzuhalten, übertragen? Sie nahmen sich vor, die beiden ein wenig zu erziehen, zu bilden und auf ihren Beruf vorzubereiten.

Hatte droben im Norden das Gefolge Johannas das Land unbegreiflich gefunden, so war es diesmal an Philipps niederländischer Suite, sich zu wundern. Sie erschraken fürchterlich über die schreienden und blutenden Geißelbrüder (es war »Semana Santa«). Früh um sechs Uhr, wenn sie daheim aufhörten zu trinken und zu feiern, mußten sie bereits zur Messe erscheinen, die Gottesdienste deuchten sie endlos. Noch herrschte Hoftrauer um das kleine Kind, Johannas Neffen; kaum war diese zu Ende, starb der Knabe Arthur in England, ihr Schwager, und als die endlosen Buß- und Trauerlitaneien endlich verklungen waren, schloß der Onkel Aragon die Augen, und alles fing von vorne an. Philipp war zumute, als sei er ins Kloster geraten. Reliquienverehrung und Prozessionen waren seine einzigen Ablenkungen, die spanischen Frauen waren unzugänglicher als die Niederländerinnen daheim, Johanna war wieder guter Hoffnung. Die Belehrungs- und Erziehungsversuche der Schwiegereltern machten ihn verstockt, er wies sie beleidigt zurück. Er lernte Pelota spielen, er jagte. Er meinte, wenn es später einmal soweit sei, werde er auch herrschen können. Er litt unter dem Sommer, dem schweigenden, lodernden Land, den dürren Weiten unter einem Himmel von der Farbe faulender Lumpen. Sein Freund wurde krank, krümmte sich in einem undefinierbaren Leiden und starb. Ein paar Diener starben, wahrscheinlich an der Cholera. Zwischen den Niederländern und den Spaniern kam es zu Raufereien. Sein eigener flämischer Schatzbewahrer bestahl ihn, und er ließ ihn, um ihm eine Lektion zu erteilen, ins Gefängnis werfen. Dort wurde er von den Spaniern so grausam gefoltert, daß er tot blieb. Philipp fand das ganze Land grauenvoll, böse Vorahnungen bedrückten ihn, er schlief schlecht. Aus Brüssel schrieb man ihm, dort gehe alles drunter und drüber. Er wurde bei den Schwiegereltern vorstellig: Sie müßten heim. Die Katholischen Könige wollten sie noch recht lange im Land behalten: Sie wüßten noch zu wenig von spanischen Gepflogenheiten, Gebräuchen, politischen Aufgaben. Schließlich suchten sie ihn dadurch zu halten, daß sie ihm vorstellten, er könne Johanna in ihrem Zustand nicht den Unbilden einer Winterreise aussetzen. Er meinte leichthin, sie solle eben einstweilen hierbleiben, er fahre allein.

Für Johanna war dieses Verlassenwerden ein Symbol, es blähte sich ihr zu etwas Fürchterlichem auf. Sie schrie, weinte, beschwor ihn, bei ihr zu bleiben. Als es nichts half, entlud sich ihre ewige Angst, ihr Argwohn, in Wahrheit ungeliebt zu sein, in einer Flut gallebitterer Anschuldigungen und Vorwürfe. Philipp zeigte sich erschreckt und angewidert von dem hysterischen Gebaren der aufgedunsenen Schwangeren, die vor ihm auf den Knien rutschte. Schließlich sei es ja nicht für immer, sagte er und reiste ab. Es pressierte ihm übrigens keineswegs, er unterhielt sich glänzend an den Höfen Europas und traf erst ein Jahr später wieder bei seinen so dringenden Geschäften in Brüssel ein.

Mit Johanna hatten nun alle, besonders aber ihre geduldige Mutter Isabella, ihre Last. Sie fiel in tiefe Depression, aß nicht, brütete stundenlang vor sich hin und kam nur zu sich, wenn jemand Philipps Namen nannte. Am 10. März 1503 brachte sie den späteren Kaiser Ferdinand zur Welt, das erste ihrer auf spanischem Boden geborenen Kinder. Kaum war sie aus dem Wochenbett, so verlangte sie stürmisch, zu Philipp zurückzukehren, gab Befehl, ihre Sachen zusammenzupacken, jammerte, schalt und bettelte. Sie malte sich aus, mit wem er jetzt wohl schlief, war ungezogen gegen ihre Mutter, die ihr auseinanderzusetzen versuchte, daß es zur Zeit keine Schiffe gebe, man brauche sie bei den Kämpfen um Neapel, und daß man nicht auf dem Landwege reisen könne, weil Spanien im Kriegszustand sei. Sanft, aber nachdrücklich wies sie die Tochter auch darauf hin, daß es bei einer künftigen Königin nicht so sehr auf erfüllte Wünsche als vielmehr auf erfüllte Pflichten ankäme. Sie fand das unverhohlene Drängen zu den ehelichen Freuden bei der Tochter grotesk, ja obszön. Johanna wiederum fand die Mutter prüde, herzlos, verständnislos.

Es kam zu peinlichen Auftritten zwischen den beiden Damen, man hielt es für besser, sie räumlich zu trennen. Mit dem Bischof von Cordoba als Berater und dem mageren Trost, spätestens im kommenden Frühjahr zu Philipp reisen zu dürfen, brachte man Johanna ins Kastell La Mota bei Medina del Campo.

Das Jahr starb rasch, man trat die Trauben, schon lagen die Stoppelfelder kahl. La Mota lag hoch oben auf seinem Felsrücken wie ein aus der Unterwelt aufgestiegenes Steinungeheuer. Nach einigen Wochen hinter seinen zinnengekrönten Mauern bestürmte Johanna bei einem Besuch die Mutter ein letztes Mal, sie vor dem Winter nach Norden reisen zu lassen: vergeblich. Es wurde kalt. Hunderte von Dienern trabten lärmend durch die steinernen Gänge mit Körben voller Holz, mit Wärmepfannen. Nachts hörte man den Wind an den Zinnen feilen und jaulen. Die Zisterne war ein blindes weißes Auge am Grunde eines Loches.

Irgendwann schrieb Philipp, konventionell, freundlich, und fragte, wann sie denn nachkäme. Der Brief war ein Funke ins Pulverfaß. Johanna las heraus, was gar nicht darin stand: daß er Sehnsucht nach ihr habe, daß er sie allein liebe. Nun durften kein Krieg, kein Wetter, keine Politik, kein Dekorum sie mehr abhalten. Sie ließ die Reisekisten herausreißen und ihre Damen mit dem Einpacken anfangen. Ihre Mutter Isabella hörte davon. Sie hatte viele gute, wohlüberlegte Gründe, die Tochter zum gegenwärtigen Zeitpunkt im Lande zu behalten. Sie schickte Bischof Fonseca, um »die Prinzessin von voreiligen Entschlüssen abzuhalten, die einen schlechten Eindruck in der Welt und ihren Eltern Kummer und Schande machen würden«. Als der alte Mann im Vorhof des Kastells eintraf, war Johanna bereits im Reisewagen und wollte zum Tor hinaus. Es kam zu einem heftigen Wortwechsel. Fonseca hatte Anweisung von der Königin Isabella, Johannas Abreise zu verhindern. Was sollte er machen? Er ließ die Zugbrücke hochziehen und das Fallgitter schließen. Johanna schrie und tobte, sprang hierhin und dorthin, bettelte, drohte. Schließlich sank sie am Fallgitter in sich zusammen, die Stäbe mit beiden Händen umkrampfend. Dort blieb sie, unansprechbar, unerreichbar, in der eisigen Winternacht, in ihren Augenwinkeln hingen Tränen von der Größe eines Reiskornes. Ihre Ehrendame, ihr Beichtvater knieten bei ihr nieder, suchten sie mit sanften Worten ins Schloß zurückzuschmeicheln. Es nützte nichts. Sie ließ sich nur bis in die Torwartsstube schleppen, zerzaust hockte sie neben einem wärmenden Kohlenbecken. Die erkrankte Isabella hörte von dem würdelosen Schauspiel und machte sich auf, die Tochter zur Raison zu bringen. Als sie vier Tage später eintraf, kauerte Johanna noch immer im Torwärterhaus. Sie beschimpfte ihre Mutter, die Königin, auf das unflätigste. Irgendwie gelang es Isabella, sie hineinzuführen. Bediente, Soldaten, Wachhabende, Besucher des Jahrmarkts in Medina del Campo hatten die am Gitter Kauernde, hatten die Szene zwischen Mutter und Tochter mit eigenen Augen gesehen. Das Wort »está loca«, sie ist verrückt, züngelte im Volk zum erstenmal auf.

Es kam dann eine ruhigere Phase, die Johanna bei den Eltern verbrachte. Im März reiste sie an die Küste, nahm kühl Abschied von der Mutter, die sie nie wiedersehen sollte, wartete am Strand, wie eine Löwin auf- und niederschreitend, günstiges Wetter ab, segelte nach Flandern und lag am 11. April 1504 in den Armen ihres Gatten. Ganz Europa atmete auf. Man darf hoffen, daß sie einen flüchtigen Augenblick lang so etwas wie zufrieden war.

Vielleicht war schon dieser flüchtige Augenblick enttäuschend und schal. Vielleicht war der besessene Wunsch, Philipp zu haben und zu halten, bereits durch seine Nähe, durch seine derben, zerstreuten Begattungen nicht mehr zu stillen. Johanna schob das Ungenügen auf die lange Trennung, darauf, daß ihr jemand »sein Herz entwendet« habe. Ihre Eifersucht wurde zur Manie. Eine der üppig-blonden Hofdamen erhielt in ihrem Beisein ein Briefchen. Johanna vermutete, es sei von Philipp, und verlangte es zu lesen. Die junge Person zerriß und verschluckte es. Johanna ergriff jähzornig eine Schere und schnitt ihr (»wutschnaubend und zähneknirschend«) das Haar bis auf die Kopfhaut ab, schloß sich in ihre Gemächer ein, öffnete dem ihr nachstürmenden Philipp liebeshungrig und wurde von ihm rüde durchgeschüttelt, mit Schimpfnamen belegt, vielleicht sogar geschlagen. Daraufhin legte sie sich zu Bett und spielte krank.

Das immer absonderlicher werdende Verhalten der zukünftigen Königin von Spanien machte die Runde an den Höfen Europas, nicht so sehr als Klatsch, vielmehr als Politikum. Beflissene Federn kritzelten, immer mehr Einzelheiten wurden bekannt, erschnüffelt, ausgeschmückt, dazuerfunden. Die maurischen Sklavinnen, von denen sich Johanna in zwanghaftem Reinlichkeitsbedürfnis ständig die Haare waschen ließ, sollten fort, befahl Philipp. Johanna widersetzte sich: Es seien die Reste der ihr mitgegebenen Suite aus Spanien. In seiner Verzweiflung und Ratlosigkeit ließ Philipp Johanna in ihr Zimmer einsperren. Sie verweigerte die Nahrung. Diesem ersten Hungerstreik folgten andere. Als Philipp von der Jagd mit verletztem Knöchel heimkam und sofort sein Schlafgemach – das unter dem Johannas lag – aufsuchte, klopfte sie die ganze Nacht auf die Dielen, erst mit einem Stock, dann mit einem Stein, und rief nach ihm, hackte schließlich mit einem

Messer auf die Dielen ein und rief fortwährend: »Seid Ihr noch da, mein Gemahl, seid Ihr noch da?«, in dem mitleiderregenden Gebaren eines eingesperrten brünstigen Tieres.

Als er am nächsten Morgen nach ihr sah, war sie so zerfressen von der eigenen Hilflosigkeit und Ohnmacht, daß sie wie ein trotzendes Kind ausgerufen haben soll: »Und wenn ich daran sterbe, von jetzt ab tu' ich nur das Gegenteil von dem, was Ihr verlangt.«

Die große Isabella, die ihren Tod herannahen fühlte, machte letzte Anstrengungen, durch Testamentsklauseln abzufangen, was die Regierung der problematischen Tochter an ihrem Lebenswerk zerstören konnte, und erlosch dann fromm und gesammelt. Kaum hatte man »das herrliche Tugendbild« im ärmlichen Franziskanerhabit begraben, da begann der Wirbel der Machtkämpfe, den sie hatte verhindern wollen, und das Tauziehen zwischen dem Vater und dem Gatten der unglücklichen Johanna, weil jeder allein zu regieren beabsichtigte.

Der Versuch, Johanna noch in Flandern in einem abgelegenen Schloß zu isolieren, bis man das Erbe in Spanien würde antreten können, schlug fehl, weil sie sich mit dem Schürhaken verteidigte. Als man ihr jedoch ein Dutzend Soldaten vor die Tür stellte, um sie zu bewachen, schluchzte sie gekränkt: »Bin ich denn eine Verbrecherin?« Es klang völlig normal. Völlig normal brachte sie ihr fünftes Kind, eine Tochter, zur Welt, ließ sie zusammen mit den übrigen Kindern unter der Obhut der Schwägerin Habsburg in Flandern und begab sich im Januar 1506 mit Philipp auf die Reise nach Spanien. Vierzig Schiffe wurden beladen, es gab auch wieder Szenen: Johanna weigerte sich, die Hofdamen sowie den Troß der Dirnen mitzunehmen, die üblicherweise ein Heer von zweitausend Soldaten begleiteten. Man mußte sie ausbooten und heimlich wieder an Bord nehmen. Am dreizehnten Tag der Reise geriet man in einen fürchterlichen Sturm, Feuer brach an Bord aus und begann sich unter Deck auszubreiten; kaum war es unter Kontrolle, brach der Mast und das Großsegel ging über Bord. Das Schiff drohte zu kentern. Die Höflinge rannten patschnaß und betend in ihren Samtmänteln und Spitzenkrausen hin und her, Philipp versprach der Madonna von Guadelupe und der von Monserrat sein doppeltes Körpergewicht in Silber, wenn sie ihn erretteten. Sein zähneklapperndes Gefolge nähte ihn in einen aufblasbaren Ledersack als Schwimmweste und fand auch noch Zeit, mit kruden Lettern daraufzuschreiben: »El rey don Phelipe«, damit ihm auch als antreibendem Leichnam gebührende Ehren erwiesen werden könnten. In Familienzeitschriften älterer Jahrgänge steht, Johanna habe sich an ihren geliebten Gatten geklammert und mit ihm sterben wollen. Das stimmt nicht. Sie war im Gegenteil von gelassener, ja spöttischer Unbekümmertheit. Weil ihre jammernden Hofdamen irgendwo spien oder beteten, zog sie sich in ihrer Kabine ohne Hilfe ihre schönste Hofrobe an, stieg aufs Vorderkastell, ließ sich eine kleine Erfrischung bringen und besah sich den Tumult von oben. Sie soll geäußert haben, sie habe noch von keinem König gehört, der ertrunken sei. Bei einer hastig veranstalteten Votivkollekte spendete sie die kleinste verfügbare Münze (sie mußte lange danach kramen). Ein Matrose sprang über Bord und holte das Segel ein, das Schiff richtete sich wieder auf, und die schwer erschütterte und durchweichte Mannschaft landete an der englischen Küste, wohin keiner wollte.

Heinrich VII. freute sich sehr über das, was der Sturm ihm an den Strand gespült hatte. Er holte Philipp nach Windsor, nahm ihn auf wie den verlorenen Sohn und machte zwischen Banketten und Lustbarkeiten allerlei Verträge dingfest, die für Spanien keineswegs günstig waren. Natürlich verlobten die Herren wieder ihre kürzlich geborenen Säuglinge miteinander.

Johanna blieb an der Küste. Blieb sie freiwillig? Fürchtete man peinliche Auftritte mit ihr? Hatte sie gerade eine ihrer depressiven Phasen und war ihr alles gleichgültig? Sie wurde erst später »in aller Heimlichkeit und von der Gartenseite her« ins Schloß gebracht, und Philipp soll Heinrich VII. geradezu geraten haben, sie gar nicht erst zu empfangen. Am nächsten Tag schon verließen er und sein königlicher Gastgeber das Schloß in ziemlicher Hast, um »zu jagen und der Falkenbeize zu huldigen«. Kaum mehr als einige Abendstunden kann Johanna ihre jüngste Schwester Katharina, die in England lebte, gesprochen haben, dann mußte auch diese fort. Die leichtbeleidigte, jähzornige spanische Königin war allein im »belle maison de Winnezore«. Das Protokoll und ihr Stolz verlangten, daß sie ihrerseits abreiste. In einem schimmelfleckigen, altersgeschwärzten Schloß bei Exeter wartete sie darauf, daß Zimmerleute die leckgeschlagenen Schiffe reparierten. Im Frühling, als der Himmel über dem murmelnden Meer silbern wurde und die Wolfsmilch blühte, kam Philipp nach und wartete mit ihr. Es war wohl kaum, wie romantische Schriftsteller glauben machen wollen, eine idyllische Zeit. In schwefliger Unruhe, in unstillbarer Begierde zeugten sie ihr letztes Kind. Grollend, gegeneinander argwöhnisch in politischer und menschlicher Hinsicht, segelten sie am 22. April 1506 ab. Sie landeten, entgegen anderen Plänen, in La Coruña.

Das Ausbooten dauerte länger als vorgesehen, weil Johanna erneut Schwierigkeiten machte: Die Hofdamen sollten an Bord bleiben. Nach anderthalbtägiger Verzögerung ritt sie als einzige Frau im Zuge, gesenkten Kopfes und düster blickend, in La Coruña ein. Sie beanstandete, daß Philipps Name bei Ansprachen vor dem ihren, dem der rechtmäßigen Königin, genannt werde, sie brüskierte die Stadträte, sie wollte als erstes Kontakt mit ihrem Vater Ferdinand aufnehmen. Sie hatte ihn als Kind bewundert, vielleicht sogar geliebt, er leuchtete aus jenen unbeschwerten Tagen herüber wie auf Goldgrund gemalt. Der alte Fuchs Ferdinand und sein Schwiegersohn waren erbitterte politische Gegner, einig nur in dem einen: Johanna auszuschalten. Weil es weittragende Folgen haben konnte, daß sie zwar eine gehorsame Tochter, jedoch bereits nicht mehr eine folgsame Gattin war, wurde eine Zusammenkunft zwischen ihr und Ferdinand mit allen Mitteln hintertrieben. Ihr Mann traf sich mit ihrem Vater. Sie wurde darüber in Unkenntnis gelassen. Als sie es erfuhr, war sie außer sich. Einmal gab sie im Tierpark ihres Gastgebers, des Grafen von Benavente, ihrem Pferde die Sporen und ritt in wilder Hast in die Ebene; man sagt, um den Vater einzuholen, von dem sie erfahren hatte, daß er in der Nähe sei. (Philipp war beim Stierkampf.) Es kann ebensogut ein Akt nicht näher definierbarer Renitenz gewesen sein. Sie kam nicht weit. Soldaten galoppierten ihr nach, umstellten sie in einer Hütte. Wie gewöhnlich spielte sie nunmehr die Gekränkte, weigerte sich, die Hütte wieder zu verlassen. Philipp hatte als einziger Zutritt zu ihr und brachte sie irgendwie heraus, brachte sie dazu, mit ihm weiterzureisen, schnitt aber vor den Granden Spaniens zum erstenmal in aller Öffentlichkeit die Frage an, ob man Johanna nicht internieren müsse. Den Granden schien das nicht geheuer, sie verlangten eine Privataudienz bei der Königin. Admiral Cisneros, ein Verwandter des Königshauses und hoher Würdenträger, wurde zu ihr gelassen. Er unterhielt sich – wenn es nicht ein Schreibfehler des Chronisten ist – zehn volle Stunden lang mit ihr. Er traf eine völlig klare, überlegt redende, durch bittere Erfahrungen zynisch gewordene hochintelligente Frau an. Danach ließ er Philipp und sein Gefolge wissen, er werde sich jedem Versuch, die Königin für geisteskrank erklären zu lassen, entschieden widersetzen.

Johanna hatte ihn immer wieder nach dem derzeitigen Aufenthaltsort ihres Vaters gefragt, hatte dann an Ferdinand einen Brief geschrieben, der ihn nie erreichte, weil Philipp ihn abfing. In dem guten Glauben, dadurch Komplikationen zu verhindern? Oder nur mehr in der Absicht, die Macht an sich zu reißen? Schon sind die politischen Hintergründe nicht mehr wichtig. Schon beginnen die Umrisse der Ereignisse zu wanken, als spiegelten sie sich in einem windbewegten Tümpel.

Der Sommer 1506 brütete Unheil. Die Pest ging um. Schon am frühen Morgen erhob sich die Hitze, der Unrat in den Pflasterritzen begann zu stinken. Drei Nächte hindurch stand ein Komet am Himmel. Ende Juli verließen Heer und Hof Valladolid. Johanna ritt, im fünften Monat schwanger, ganz in Schwarz und tief verschleiert, im Reisezug mit. Staub quoll über, vor und hinter ihr, reizte zum Husten. Im Abendlicht erreichte man ein Nest mit Namen Cogeces. Es hatte hohe Stadtmauern mit Brustwehren, dicke Tortürme mit eisernen Torflügeln. Vielleicht erinnerte es Johanna an das Kastell La Mota, vielleicht meinte sie darin etwas zu erkennen, etwas Fürchterliches, das unaufhaltsam näherkam und das nur sie witterte. Sie stieg vom Pferd und sagte, dort hinein gehe sie nicht, umrundete nachts die Stadt, verstört, unansprechbar, zuerst zu Fuß, dann auf einem Maulesel. Am nächsten Morgen setzte sie durch, daß man nach Norden weiterzog.

Am 7. September erreichten sie Burgos, nahmen

Wohnung in dem Palast, in dem einst Johannas Bruder seine Märchenhochzeit mit Philipps Schwester, der Habsburgerin Margarete, gefeiert hatte. Sie stifteten geschnitzte Heiligenbilder für das Kloster Sankt Paul; Philipp nahm an einem Bankett eines seiner flämischen Günstlinge teil, machte anschließend mit den Herren einen Galopp über Land, spielte ein scharfes Spiel Pelota und tat danach einen kalten Trunk. Am nächsten Tag fühlte er sich nicht recht wohl, ließ aber erst zwei Tage später, als Schüttelfrost einsetzte, seine Ärzte kommen. Man ließ ihn zur Ader, setzte ihm Schröpfköpfe auf Brust und Rücken, in denen er Schmerzen hatte. Das Fieber stieg, er spie Blut, bekam schmerzhafte Durchfälle. Das Gefolge quirlte ratlos durcheinander. Johanna, die Finstere, die Schrille, die Unbegreifliche, blieb ruhig und gelassen, wie einst an Bord des im Sturm torkelnden Schiffes. Sie setzte sich ans Krankenbett und wich davon weder Tag noch Nacht. Sie redete Philipp zu, seine Arznei zu nehmen, bediente, tröstete ihn, versicherte ihm, es würde bald wieder besser werden. Die Ärzte wollten sie dazu bringen, sich auszuruhen, an ihr Ungeborenes zu denken; sie wischte ihre Bedenken beiseite. Ihre übelsten Verleumder bestätigten ihr in geheimen und offiziellen Berichten eine wahrhaft königliche Haltung. Philipps Körper bedeckte sich mit ominösen Flecken »zwischen Rot und Schwarz«, ein ziemlich sicheres Anzeichen dafür, daß es sich um die Pest handelte. Als man noch eine Leuchte der ärztlichen Wissenschaft hinzuzog, konnte diese nur noch feststellen, daß nichts mehr zu machen sei. Der Patient lag in tiefer Bewußtlosigkeit. Am 25. September 1506 um zwei Uhr mittags endete die kurze Regierungszeit des ersten Habsburgers in Spanien. Stundenlang war Johanna nicht von der Leiche wegzureißen, weil sie erst spät begriff, daß ihre Darreichungen unnötig geworden waren.

Die flandrischen Höflinge Philipps setzten den fleckigen Leichnam mit Samtmütze und Königsmantel auf den Thron der *Sala rica,* hängten ihm ein Riesenkreuz aus Diamanten und Rubinen um und ließen das gesamte Domkapitel von Burgos an ihm vorüberdefilieren. Den Abend und die ganze Nacht hindurch qualmten Fackeln, stiegen Weihrauch und Misereres empor, während der Tote schief und grotesk immer mehr in sich zusammensank. Am anderen Morgen übernahmen ihn die Ärzte. Sie zogen ihm die Prunkgewänder aus, bohrten den Schädel an, entnahmen ihm das Gehirn, schlitzten den Körper auf und weideten ihn aus. Das Herz kam in eine goldene Kapsel, es sollte nach Flandern, die Eingeweide wurden verbrannt. »Alle übrigen Teile, die Blut enthielten«, wurden ausgepreßt, um ihre Verwesung zu verlangsamen. Weil in der Eile keine Spezereien zu beschaffen waren, füllte man den Körper mit Parfümbeuteln, nähte ihn zu, bettete ihn in einen mit gelöschtem Kalk gefüllten Holzsarg, steckte diesen in einen Bleisarg und bahrte ihn im Dom von Burgos auf.

Johannas Augen waren noch immer trocken. Erst jetzt ließ sie sich zu Bett bringen.

Ferdinand hörte im fernen Italien ohne sonderliche Ergriffenheit vom Tode seines Widersachers und Schwiegersohnes. Er beeilte sich auch nicht mit dem Heimkommen. In Spanien ging es drunter und drüber, das unbezahlt gebliebene niederländische Gefolge stahl das Tafelsilber, plünderte Truhen und Spinde, versetzte und verpfändete, machte zu Geld, was es fand, floh auf die Schiffe. Alle wollten heim, wohl wissend, wie unbeliebt sie bei den Spaniern waren. Die Königin sollte regieren, anordnen, die allernötigsten Erlasse unterschreiben. Sie saß mit zusammengepreßten Lippen allein im verdunkelten Zimmer und ließ sich nicht sprechen. Draußen wüteten Straßenkämpfe, es wurde geplündert. Das Chaos gebar die düsteren und schaurigen Legenden, wonach Johanna mit dem Sarg nachts reiste, ihn ständig öffnen ließ, dem Leichnam Zärtlichkeiten erwies. Sie lebten länger als die historischen Fakten: Am Allerheiligentag fuhr Johanna nach Miraflores, dem Kloster vor den Toren von Burgos, wo Philipps Sarg aufbewahrt wurde. Sie speiste mit den Mönchen, ließ nach Tisch den Sarg aus der Krypta heraufbringen und öffnen. Ohne die Miene zu verziehen, kontrollierte sie den Inhalt (es bestand durchaus die Möglichkeit, daß Philipps Höflinge den Leichnam nach Flandern entführt hatten) und reiste nach Burgos zurück. Sie schloß sich wieder ein, tagelang, wochenlang. Die einzigen, die sie aus ihrem niederländischen Gefolge nicht entlassen hatte, waren die Spielleute, sie durften ihr vormusizieren. Vielleicht vermochten Töne und Melodien sie noch zu erreichen, wo Menschen es nicht mehr konnten. Sie wartete auf ihren Vater, sie blickte nur auf, wenn von ihm die Rede war, wie einst bei Nennung von Philipps Namen. In dumpfer Angst vor Entscheidungen ließ sie alles laufen, bis zum Tag, an dem er käme. Den Staatsrat empfing sie nicht, hörte sich nur »durch ein Fensterlein« an, was die Herren zu sagen hatten, zeigte sich nicht.

Irgendwann einmal setzte eine hellere Phase ein: Von einem hektischen Tatendrang erfaßt, erteilte sie nach allen Seiten Befehle, regierte, ordnete an, warf, sich auf eine Anweisung ihrer Mutter beziehend, derzufolge kein Ausländer ein hohes

Staatsamt in Spanien innehaben durfte, sämtliche von Philipp bestallten Niederländer aus ihren Ämtern und Pfründen, nahm Verleihungen und Ernennungen zurück, rief einige Bischöfe und den päpstlichen Nuntius zu sich und teilte ihnen mit, sie gedenke Philipps Leichnam nach Granada zu überführen. Der Einwand, es sei gegen die kanonischen Vorschriften, einen Verstorbenen innerhalb der ersten sechs Monate aus seiner Grabesruhe zu reißen, ließ ihren glimmenden Argwohn, der Leichnam sei wegeskamotiert worden, erneut aufflammen. Sie befahl allen Anwesenden, sie nach Miraflores zu begleiten, sie ließ erneut den Blei- und Holzsarg aufreißen, sie ließ die schaudernden Anwesenden genau hinsehen und beschwören, daß es wirklich Philipp war. Ein Chronist berichtet, der Kalkklumpen sei nichts Menschlichem mehr ähnlich gewesen. Sie ließ ihn wieder »mit königlichem Pomp« umhüllen, auf Schleifkufen setzen und zog mit ihm davon in eine düstere, tropfende Welt, in der alle Geräusche erstickten. In Torquemada verließen sie die Kräfte, dort blieb sie, dort verbrachte sie das Weihnachtsfest, dort wurde am 14. Februar Philipps postume Tochter Katharina geboren, dort blieb auch der Sarg aufgebahrt vor dem Altar der Dorfkirche. Täglich wurde die Totenmesse darüber gelesen, ständig hielten vier Männer des Gefolges die Totenwache. Nachts tropfte der Ruß flockig von den Fackeln und schwärzte ihre Gesichter »gleich Äthiopiern«. Was sie bewachten, »roch nicht mehr nach Parfüm«, wie einer von ihnen vermerkte. Die Kerzen knisterten manchmal, als fielen Wassertropfen hinein; sonst war es, als verwese Philipp von Habsburg zu Stille.

Keine Frau durfte sich der Kirche nähern. Johanna selbst saß oft darin, abwesenden Blicks im wurmstichigen Betstuhl. Woran dachte sie? Betete sie?

Im unnatürlich warmen Vorfrühling ging wieder die Pest um. Einige Diener erkrankten. Man hielt die Seuche für ortsgebunden und suchte ihr zu entfliehen. Johanna ließ packen und stellte den Reisezug zusammen. An seiner Spitze stuckerte auf einem Karren der Sarg dahin, wie von unterdrücktem Lachen geschüttelt, ihm folgten die Gebete murmelnden Mönche, ihnen der schwatzende Hofstaat. In der Pechdunkelheit eines abendlichen Gewitters kam man vor ein Steingebäude, suchte Zuflucht, lud ab. Schon im Tor, bemerkte Johanna mit Schrecken, daß es nicht, wie sie gemeint hatte, ein Mönchskloster, sondern ein Nonnenkonvent war. Ihr Widerwille gegen alles Weibliche überwältigte sie wie Brechreiz. Sie scheuchte ihr Gefolge hinaus auf freies Feld. Ratlos umdrängte man den Sarg, der Regen leckte einem durchs Gesicht wie ein Hund, Sturm löschte die Fackeln. Johanna ließ den Sarg öffnen. Vielleicht hatte erst das Entsetzen über die Nonnen ihr wieder zu Bewußtsein gebracht, was sie eigentlich mit sich führte. Gegen Morgen hatte sie sich soweit beruhigt, daß sie weiterziehen ließ. Man geriet in ein elendes Dorf. Der Königin gefiel dort ein Bauernanwesen. Sie blieb darin (der Hof mußte sich in Baracken, ja sogar in Zelten um sie herumgruppieren, man hörte Schelten und Jammern), bis ihr Vater heimkehrte.

Johanna erregte sich in übersteigerter Vorfreude. Als ihr Vater am verabredeten Treffpunkt vom Pferd stieg, stürzte sie auf ihn zu, fiel auf die Knie und suchte seine Füße zu küssen. Der alte Fuchs Ferdinand brach beim Anblick dieser fast unkenntlich gewordenen, geschundenen Kreatur, die einmal das musikalische kleine Mädchen gewesen war, in Tränen aus. Er suchte sie zu sich emporzuziehen, sank dann zu ihr herab, einander umarmend weinten beide auf den Knien liegend, und man hörte nichts als das Klirren von Zaumzeug und das Rumoren der hin und her tretenden Pferde.

Die Erleichterung der Tränen war der einzige Gewinn, den dies Wiedersehen für Johanna haben sollte. Als gehorsame Tochter übertrug sie auf gutes Zureden hin Ferdinand alsbald die Regierungsgewalt. Er merkte rasch, daß die Gerüchte über ihren Zustand nicht aus der Luft gegriffen waren. Um sie mit Anstand loszuwerden, suchte er die nun Siebenundzwanzigjährige mit dem verwitweten Heinrich VII. zu verheiraten, der sie einst in Windsor nicht empfangen hatte. Sie lehnte das Projekt mit immer neuen Gründen ab. (Sie vergaß nie, auf den noch nicht bestatteten ersten Gatten hinzuweisen.) Er fürchtete, die abtrünnigen Adeligen könnten zu ihr einschwenken, wollte sie in der Einsamkeit internieren, wo sie keinen Schaden anrichten konnte. Eines Tages teilte er ihr schroff mit, er wünsche sie in Tordesillas etabliert zu sehen, dort sei es standesgemäßer. Schon bei dem Gedanken an das klotzig auf den Duero niederdrohende Kastell wurde Johanna von Panik überschwemmt. Sie stammelte Unzusammenhängendes, weinte, beteuerte, sich in ihrem gegenwärtigen Domizil sehr wohl zu fühlen, bettelte, flehte. Es blieben ihr noch ein paar Monate bis zur befohlenen Übersiedlung, in denen sie durch unheilvoll verändertes Verhalten gewissermaßen nachträglich Handhaben und Gründe für ihre Isolierung lieferte. In hilfloser Renitenz weigerte sie sich, ins Bett zu gehen, wusch sich nicht mehr, vernachlässigte ihre religiösen Pflichten. Mit der Arglist der geistig Gestörten dehnte sie das Frühstück so lange aus, daß es für den Besuch der Messe zu spät wurde. Um Aufsehen zu vermeiden, ließ Ferdinand die Tochter nachts abholen und mit waffenklirrender Bewachung nach Tordesillas bringen. Der Sarg mit dem kalkverkrusteten Erzherzog kam ins nahebei gelegene Kloster Santa Clara, somit unter die Ägide von Nonnen, was Johanna so oft zu verhindern gesucht hatte.

Im Licht der Frühe, in dem alles sichtbar, aber noch nichts deutlich ist, baute sich das Kastell von Tordesillas jenseits seiner Zugbrücke auf, ein Truhendeckel, bereit, auf Johanna niederzufallen. Als die Sonne aufging, hatte sie ihre Kerkerhaft darin angetreten, die sechsundvierzig Jahre dauern sollte, ein halbes Jahrhundert. Es wurde ihr kein einziger Tag geschenkt.

Noch wenige Jahre zuvor hatte ein Reisender in Barcelona einen gemütskranken jungen Mann gesehen, den man dort nackt im Käfig hielt. Die Königin suchte man mit »klösterlicher Zucht« zu bändigen, hielt sie über alles im unklaren und nahm keinen ihrer Wünsche ernst. Der Kleinkrieg zwischen brutaler und sinnloser Terrorisierung durch die hochadeligen Aufseher und Johannas wütender Halsstarrigkeit zog sich in widerwärtiger Eintönigkeit durch Jahrzehnte hin. Sie wollte, daß man sie herausließ, sie hoffte auf den Vater, auf einen Stimmungsumschwung bei ihm, darauf, daß er sie mitregieren lasse, darauf, daß er sie liebe und befreie.

Er kam auch, aber unangemeldet und heimlich. Um zu beweisen, daß er recht darin handelte, Johanna zu bewachen, um künftigen Anhängern der Königin den Wind aus den Segeln zu nehmen, stieß er unvermutet die Türen auf, ließ die Granden eintreten und sie seine Tochter sehen, die gerade in einer depressiven Phase mit wirrem Haar in einem Kittel am Boden kauerte. Tief betroffen zogen die Granden ab. Zu spät erfuhr Johanna, daß Besuch im Schloß sei, zu spät schmückte sie sich in aller Eile mit Staatsgewändern, wütend über den »Affront«, den man ihr angetan.

Glaubte Ferdinand im Ernst, seine väterliche Autorität vermöchte auch aus der Ferne Johanna »in Schach zu halten«? Als er sich zum Sterben niederlegte, verschwendete er keinen Gedanken an ihr Wohlergehen, befahl aber, sein Ableben unbedingt vor ihr geheimzuhalten.

Vor den Spaniern ließ es sich natürlich nicht geheimhalten. Die Bewohner des Marktfleckens Tordesillas empörten sich sofort nach Eintreffen der Nachricht gegen die Bewacher ihrer rechtmäßigen Königin, die keiner je gesehen hatte und die in Rufweite über ihren Köpfen gefangengehalten wurde. Sie stürmten das Schloß. Musketen knallten, der Pulverdampf reizte zum Husten und

Niesen. Sie kamen nur bis zur Treppe. Die gewaltigen Monteros de Espinosa, die traditionelle Leibgarde kastilischer Herrscherschlafzimmer, hielten sie auf.

Oberhalb der Treppe, im verdunkelten Zimmer, wurde die schwarzgekleidete Frau, die nun nicht nur Königin von Kastilien, sondern auch von Aragon, Neapel und Sizilien war, unruhig, schickte nach ihrem Beichtvater und fragte ihn nach der Ursache des Getöses. Ob etwa ihrem Vater etwas zugestoßen sei? Nichts, nichts, hieß es beschwichtigend. Der Aufruhr verebbte. Die Ebene des jenseitigen Ufers lag wieder wie geschmolzenes Blei. Es wurde bis auf Hufschlag und Säuglingsgreinen aus den Dienerschaftsquartieren totenstill. Die Windfahne auf dem Turm drehte sich um sich selbst, eine taumelnde, blinde Elster.

Droben in Brüssel wurde der auf dem Abtritt geborene Knabe Karl zum König von Spanien ausgerufen, obwohl er es, solange seine Mutter lebte, de jure nicht war. Er traf zwei Jahre später ein, mit seiner ebenfalls in den Niederlanden erzogenen älteren Schwester Eleonore. Am 4. November 1517 ritt er über die Zugbrücke von Tordesillas, ein zaundürrer Jüngling mit leicht vorquellenden Augen im wachsbleichen Gesicht und hängendem Unterkiefer. Er hatte Sprachhemmungen und neigte zu epileptischen Anfällen. Nach der höfischen Sitte von Burgund machte er auf der Schwelle zu Johannas Gemach eine Verbeugung, in der Mitte noch eine tiefere, und unmittelbar vor seiner Mutter eine bis zur Erde. Eleonore hielt sich zwei Schritte links hinter ihm. Karl stammelte eine eingelernte französische Rede, die mit »Madame« begann, und das Gefolge schaute zwischen Mutter und Sohn hin und her, wie bei einem Tennismatch. Nichts Dramatisches oder Rührendes geschah.

Johanna nickte zum Zeichen, daß sie verstanden habe. Sie lächelte undeutbar. Sie fragte: »Seid ihr wirklich meine Kinder?«, fügte nach einer Pause hinzu, sie seien in der kurzen Zeit sehr gewachsen, und entließ sie. Am nächsten Tag gestattete sie, bearbeitet und überredet von einem guten flandrischen Diplomaten, ihrem Sohn, in ihrem Namen zu regieren. Karl ritt dann noch in schwarzem Trauergewand, schwarzem Samthut, den Orden des Goldenen Vlieses am schwarzen Samtband um den Hals, ins Kloster Santa Clara, um an einem Requiem für den dort aufgebahrten Vater teilzunehmen, dann reiste er wieder ab.

Die flandrischen Gobelins, die Wundertaten Jesu darstellend, wurden abgenommen und zusammengerollt, ebenso die Brokatwandbehänge in dem Zimmer, in dem Eleonore geschlafen hatte. Der Geruch nach Moder und Steinkälte erhob sich stärker. Hatte Johanna sich über die Besucher gefreut? Eine hatte sich gefreut: die elfjährige Jüngste, Katharina, ein kluges schweigsames Kind mit zwei Zöpfchen. Die großen Geschwister fanden, sie sei nun lange genug in der Einsamkeit bei der wunderlichen Mutter gewesen. Karl ließ – da man nur durch Johannas Zimmer in das der Kleinen gelangte – durch einen bestochenen Diener ein Loch in die Mauer zum Korridor schlagen und die verschlafene Kleine nachts hindurchtragen und entführen. Ein Geleit von zweihundert Reitern brachte sie »unter Gesang und Scherzen« nach Valladolid. Dort bekam sie ein veilchenblaues Seidenkleid mit Goldstickerei und durfte sich die Haare aufstecken wie die Großen.

Als Johanna nach der »Niña« schickte und sie nicht kam, wollte sie selber nachsehen, entdeckte den Mauerdurchbruch, die hastig verstreuten Kleider, meinte, Banditen hätten ihr das Kind geraubt, suchte, raste, »weinte zum Gotterbarmen«, aß und trank tagelang nichts, »bis ihre Tochter würde gefunden sein«. An dieser letzten, postum geborenen, die nie einen Augenblick von ihrer Seite gewichen war, hing sie. Karl, der gemeint hatte, sie würde kaum etwas merken, brachte Katharina mit der lahmen Entschuldigung zurück, er sei den Übeltätern auf die Spur gekommen, die das Kind aus politischen Motiven fortgebracht. Er war etwas betreten, wie folgerichtig die Mutter noch reagierte, wie haßerfüllt sie ihn musterte, als ob sie durchschaute, daß er log. Auf alle Fälle ließ er dreihundert Schwerbewaffnete das Schloß umstellen. Er bestellte einen Mann aus altem Adel, den man heute als extrem ungeeignet für dies Amt bezeichnen würde, zu ihrem Wärter. Gegen ihn führte sie einen drastischen Kampf um alles und jedes. Sie bohrte, wollte orientiert werden, von der Außenwelt hören, erfahren, was sie interessierte. Sie wurde bewußt irregeführt. Ihr Vater lebe und wünsche ihren Gehorsam durch ihr Verbleiben in Tordesillas. Ihr Sohn Karl sei Kaiser geworden. Kaiser Maximilian sei nicht tot. Sie möge ihm schreiben, auch ihrem Vater. Sie tat es nicht, witterte mißtrauisch eine Falle. Ihr Vater sei tot, wie könne sie an ihn schreiben? Sie vernachlässige ihre religiösen Pflichten? Wie solle sie fromm sein, wenn man sie mit solchen »Schlampen und Mißgeburten« von Hofdamen umgebe, die ihr andauernd das Gebetbuch versteckten oder ins Weihwasser harnten? Sie wolle ins Kloster Santa Clara zu ihrem Toten. Sie wolle nach Valladolid umziehen. Das Klima hier bekomme ihr nicht. Sie wurde eisern festgehalten, durfte das Schloß nicht verlassen, mußte sogar die inneren, zum Hof gelegenen Zimmer beziehen, damit sie nicht von einer der Galerien aus mit

Bewohnern des Städtchens Kontakt aufnehmen konnte.

Nach jahrhundertelanger Forschung in Archiven schält sich aus dem Briefwechsel zwischen Johannas Kerkermeister und ihrem Sohn Karl immer deutlicher heraus, daß es nicht allein Schamhaftigkeit und Diskretion waren, die das undurchdringliche Dunkel über Tordesillas gebreitet haben. Wie Sumpfgasflämmchen züngeln immer neue Theorien auf: Johanna sei vom Glauben abgefallen, was die allerkatholischste Majestät natürlich vertuschen mußte. Sie sei völlig gesund und normal geworden und habe die Regierungsgewalt zurückverlangt. Nichts ist beweisbar, nur daß durch das Verhalten der Umwelt ihr Gemütszustand systematisch verschlimmert wurde. Sie suchte einen Weg durch ein Labyrinth und wurde unermüdlich getäuscht, man spann sie in immer neue Spinnwebfäden ein, in einen Kokon, damit sie unbeweglich wurde wie eine halbtote Fliege. Sie wollte nicht mehr fort. Ihr Blick bekam etwas Leeres, Verschrecktes, ihre Stirn war beständig grübelnd zusammengezogen. Widersprach man ihr, so zertrümmerte sie die Möbel und warf mit Eßgeschirr (man gab ihr nur noch irdenes) nach der Dienerschaft. Der Schlaf, diese täglich genommene kleine Dosis Tod, brachte sie so weit zur Ruhe, daß es weiterging. Es ging immer noch weiter, obwohl die Realität bereits wankte wie ein papierner Turm.

Im August 1520 – das Korn füllte sich und stand stramm, Ziegen weideten die sandfarbenen Grasbüschel am Uferhang des Duero ab – kam Bischof Rojas nach Tordesillas, beklommen und verlegen. In einer einzigen gewitterschwülen Viertelstunde mußte er Johanna beibringen, daß ihr Vater seit vier Jahren tot sei, Kaiser Maximilian seit anderthalb Jahren, daß der Comunerosaufstand ausgebrochen sei, daß man sie zu entführen, sprich: befreien, gedenke und sie nun unbedingt durch einen Befehl gegen die Insurgenten das Reich zu retten habe, das allerchristlichste Spanien der großen Isabella, das sich gegen ihren Sohn Karl und die von ihm eingesetzten Minister im Aufruhr befinde. Johanna sah ihn lange stumm an. Grüngoldene Fliegen summten um die irdene Wasserschale, die sie immer neben sich hatte. Sie trank und sagte: »Herr Bischof, was ich da vernehme, ist mir wie ein Traum. Ich bin fünfzehn Jahre lang belogen worden.« Sagte sie es wirklich? Es klingt zurechtfrisiert. Unterschreiben wollte sie nichts. War es ein Rachenehmen an ihren Peinigern, die nun ausnahmsweise einmal von ihr abhingen und in der Klemme saßen, oder wirklich neurotische Unfähigkeit? Ihre Finger »blieben wie verleimt«, sie handelte nicht. Es war sowieso zu spät. Die Armee der Comuneros war bereits nach Tordesillas unterwegs, sie nahte mit Vivat und Trompeten und nahm schließlich auf dem gegenüberliegenden Ufer des Duero Aufstellung. Drei Hauptleute ritten in den Schloßhof ein, saßen ab, stiegen die Treppe zu Johanna hinauf, die auf der Galerie stand und ihnen entgegenblickte, fielen vor ihr auf die Knie und küßten ihr die Hände. Es war der pompöse Auftakt zu einem erhebenden Zwischenspiel, denn sie trafen auf eine helle Phase bei Johanna. Sie soll drei Notaren einen herzbewegenden Aufruf an ihre Untertanen diktiert haben (»Ich hege große Liebe zu meinem Volk... bin bisher unter schlimmen Gesellen festgehalten gewesen, die mich belogen und getäuscht und listig ausgenutzt haben. Mir gefällt gar wohl, daß ihr alles wieder gutmachen wollt... ich will euch beistehen, so gut ich's vermag«). Karl ließ das Dokument später zur Fälschung erklären. Es ist möglich, daß er recht hatte. Das scheintote Kastell schwirrte, sporenklirrend eilten die Retter der Königin von einem Gemach ins andere, der Luftzug in den langen Gängen ließ die Wandteppiche wabern, so daß die fahlfleischigen Götter sich regten. Johanna trank wie unter Zwang andauernd »mit Schnee gekühltes Wasser«. Sie ließ sich willig kämmen, sich Staatsgewänder anziehen. Aus dem abgemagerten

Gesicht funkelten die Augen wie durch ein Visier. Die Hochstimmung verebbte rasch. Während Karl den Comuneros durch vernünftige (zum ersten Mal energische) Maßnahmen die Grundlagen zu ihren Hauptbeschwerden entzog, begann Johannas Blick sich wieder ruckartig den sie Ansprechenden zuzuwenden, begann sie sich unschlüssig, schmollend, mißtrauisch von den ihr treu Ergebenen abzuwenden. Anfang Oktober schon ließ sie ihr Essen wieder stehen, »bis es verdorben und ungenießbar« war, schloß sich in ihr Zimmer ein, hörte sich durch die geschlossene Türe an, was ihre Retter und Befreier vorzutragen hatten. Da sie bisher nicht dazu zu bringen gewesen war, auch nur ein einziges notwendiges Dokument als rechtmäßige Königin zu unterschreiben, entzog sie den Comuneros den Grund, auf dem sie standen. Es ging ihnen Zeit, Luft, Geduld aus. In ihrer Verzweiflung behandelten sie sie wie ein bockiges Kind, bedrohten sie mit Einkerkerung, mit Waffengewalt, drohten, sie verhungern zu lassen. Ihre Gesichter verwandelten sich für Johanna in die Fratzen der früheren Bösewichter, der Unterdrücker, der Anderen. Realisierte sie noch, daß sie nach Artung und Herkunft zu denen gehörte, die nun als Gegner der Comuneros heranbrandeten? Das Heer der zu Karl haltenden Royalisten und das der Comuneros waren etwa gleich stark. Kampfeslärm umtobte Tordesillas. Bürger, Geistliche, sogar Frauen standen auf den Festungswällen, bereit, ihre Königin zu verteidigen, warfen Leitern um, legten Feuer. Im Innern des Schlosses quirlte die Dienerschaft, wurden Kisten weggeschleppt, alte rostige Schwerter aus den Schränken gerissen, Befehle geschrien. Johanna assoziierte das Getöse mit den ihr altgewohnten Aufbrüchen und Abreisen, sie suchte sofort nach dem ihr hierzu Nötigsten und Wichtigsten: nach Philipps Sarg. Mit ans Wunderbare grenzender Geschicklichkeit entkam sie aus dem Hof, schlug sich unbewacht bis zum Kloster Santa Clara durch, begab sich ins Kirchenschiff, blieb neben dem aufgebahrten Sarg stehen und befahl der Äbtissin, ihn auf den Karren zu laden. Die Nonne kam nach wenigen Minuten schreckensbleich zurück. Der morsche Karren war beim Herausziehen in seine Bestandteile zerfallen. Argwöhnisch sichernd kehrte Johanna um und in die Stadt zurück. Geschütze donnerten, der Himmel war flammenhell, Qualm stieg auf, in die Stadtmauer war eine Bresche geschossen, Leichen lagen in den Straßen, Gebrüll schien aus den Dächern aufzusteigen. Johanna kehrte ins Schloß zurück, holte ihre Jüngste und ihre Schmuckschatulle aus dem Schlafgemach. Pedro de Ayala, der die Sorge für die Königin übernommen hatte, war, nachdem er sie vergebens gesucht hatte, mit den übrigen geflohen. Johanna stieg in den Hof hinunter, die Kleine schützend an sich pressend. Wie bei jeder Katastrophe, wie beim Schiffbruch, wie beim Sterben Philipps war sie von seltsamer, höhnischer Gelassenheit. Im Hof setzte sie plötzlich die Schatulle ab, in der sich auch Isabellas »Rubin von der Größe eines Tennisballs« befunden haben dürfte, und ließ die Hand Katharinas sinken. Wohin sollte sie fliehen, zu wem, wozu? Alles war sinnlos. Der erste der Royalisten, der in den Palast stürmte, fand sie noch immer an der gleichen Stelle. Sie ließ sich von ihm in ihr Zimmer zurückführen wie ein folgsames Kind.

Von da an stand die Zeit still. Die Sanduhr hatte aufgehört zu rinnen, als hielte jemand sie waagrecht. Fünfunddreißig Jahre lang sollte sie noch atmen, schlucken und verdauen, bis sie so faul war wie ein alter Pilz. Unter ihr im Städtchen wurde Geld gezählt, Fleisch geräuchert, Wein gezapft, wurden Sättel gepolstert, Kerzen gezogen, Prozesse angestrengt, auf gestopften Strohsäcken ganze neue Generationen gezeugt und geboren. Einen Büchsenschuß weit davon, droben bei den fratzenhaften Wasserspeiern und den Dohlen, hockte Johanna im Dunkeln. Wer in ihrem Zimmer etwas sehen wollte, mußte sich, so sagte Katharina, »seine Kerze selber mitbringen«. Man stellte ihr die Nahrung vor die Tür, meist Brot und Käse. Sie holte sich etwas herein, wenn sie hungerte. Das leere Geschirr versteckte sie unter den Möbeln oder warf es kichernd an die Wand. Die Alte mit dem glanzlosen Haar, in Lumpen, mit dem irdenen Schüsselchen aus dem schrecklichsten Märchen fuhr empor wie eine Furie, als ihr Karl bei einem Besuch ihren Schmuck wegnahm. Sie soll geschrien haben: »War es nicht genug, daß ich Euch mein Königreich gegeben habe, müßt Ihr auch noch das Haus plündern?«

Man schrieb 1525, als Philipps Sarg endlich nach Granada gebracht wurde. Seine Reisen durch Spanien endeten in der *Capilla real,* wo er neben seinen ihm so wenig sympathischen Schwiegereltern beerdigt wurde. Johanna erfuhr nichts davon, sie hätte auch gar nicht mehr gewußt, wer er gewesen war.

Einmal noch sah man sie weinen: tränenüberströmt einen Tag und eine Nacht an ein Gitter geklammert – wie sie seit La Mota als liebestolle Gattin in die Legende eingegangen war, blickte sie dem Zug nach, der ihre »Niña«, Katharina, fortführte über die winterbleiche, zerschlissene Ebene, damit sie Königin von Portugal wurde. Einst hatte sie gesagt, wenn man ihr Katharina nähme, werde sie sich mit einem Messer umbringen oder aus dem Fenster springen. Diese Berufung an die letzte Instanz war ihr verwehrt: Man gab ihr kein Messer mehr, längst waren die Fenster vergittert worden.

Einmal noch sah man sie wütend. Sie hatte sich wohl losgerissen, rüttelte an den Gitterstäben und schrie hinunter ins Publikum: »Kommt! Kommt herauf, bringt sie um, bringt sie alle um!«, ehe die Wachen sie wieder packten und ins Innere des Stockwerks brachten. Von nun an sah sie keiner mehr. Sie lebte in der Erinnerung des Volkes wie ein zusammengefalteter Schmetterling, dessen Färbung nicht mehr zu erkennen ist. Die Geschichte ging weiter. Luther und Calvin predigten, die Türken standen vor Wien, Cortez und Pizarro raubten und mordeten. Johanna wurde Königin von Mexiko und Peru. Sie wußte nichts davon, lag halb bewußtlos auf dem Boden, als sei sie bereits aus Stein wie in der Kapelle von Granada. Ihre Stunden schwollen auf und füllten sich mit Gespenstern, vor denen sie sich zitternd in die Ecken drückte. Ihre »Toten schwebten umher und streiften sie mit ihrem Gewandsaum«. Ihre Haare wurden grau, dann schmutzigweiß, sie bekam Läuse, ihre Fingernägel krümmten sich zu Krallen.

Im Sommer brütete die Hitze über den Feldern, im Winter rieselte lautlos der Schnee in Höfe, in die niemand mehr blickte. Eulen nisteten zwischen den Zinnen, in den Ritzen des Katzenkopfpflasters wuchs Gras. Viele ihrer Generation waren schon tot, schon starben die ersten ihrer Kinder und Schwiegerkinder. Johanna wurde fünfundsechzig, siebzig. Sie unterschied nicht mehr, wer gegangen und wer geblieben war. Sie bekam Lähmungserscheinungen, schmerzhafte Schwellungen in Knien und Beinen, konnte sich auf dem Bett, auf dem man sie ursprünglich mit Gewalt hatte festhalten müssen, kaum noch rühren, lag sich auf. Die »ägyptische Salbe« half nichts, auch nicht die Aufgüsse von Pfauengalle. Man brannte die Geschwüre mit glühenden Eisen aus, ihr Schmerzgekreisch ließ sie vorübergehend ganz normal wirken und füllte die ertaubten Steingewölbe mit flüchtigem Leben. Danach wurde sie rasch schwach, ihr Blick glasig, sie konnte nur mehr lallen. Man ließ einen berühmten Priester kommen; da sie die Hostie erbrach, entbrannten in dem stinkenden Gelaß theologische Streitfragen, ob und wie man ihr die Tröstungen der Kirche zukommen lassen könne, auf die ihr Sohn, Karl V., Wert legte. Sie hörte nicht mehr, was man zu ihr sagte, sondern anderes, Entferntes. Der Priester blieb die ganze Nacht bei ihr. Über das Lager der Königin gebeugt, ermahnte er sie, hielt ihr das Kreuz hin, sprach ihr das Credo vor. Sie starb mit einem Schrei um sechs Uhr früh, als sich eine Sonne, bleicher als Stroh, durch die Dunstschwaden über dem Duero schob. Es war Karfreitag, der 12. April 1555. Die Glocken schwiegen, und so blieb ihr Hinscheiden nahezu unbemerkt.

auf Briefe, die man ihm vorlas. Sie sind knapp, enthalten kein unnötiges Wort und könnten von einem Mitglied der Académie française verfaßt sein. »Zwölf Jahre«, schrieb er an General Hardy, »haben wir für die Freiheit gekämpft, für eben die Rechte, die auch Sie mit Ihrem Blut erkauft haben. Ich bin nicht willens zu glauben, daß Franzosen, die für sie derart große Opfer gebracht haben, hierherkommen, um sie denjenigen zu entreißen, denen es bisher zum Ruhm gereichte, dieser großen Nation als Kolonie anzugehören...«

Die Franzosen kamen doch. Bonaparte ließ ein Terrorregiment gegen Schwarze wie Mulatten errichten. Einer der Mulattengeneräle ließ ihm eines Tages ausrichten: »Mon Général, Sie widersetzen sich meinem Plan, diesen Henri Christophe von den übrigen zu isolieren und umzubringen. Das wird Ihnen eines Tages noch leid tun!«

Als die Franzosen abgesegelt waren, geschlagen und vom Gelbfieber dezimiert, begann das Blutregiment des Generals Dessalines über das unabhängige Haiti. Henri Christophe sah sich den Wandel eines guten Soldaten in einen schlechten, ausschweifenden Regenten genau an und dachte sich sein Teil. Sein eigener Weg durch das Gestrüpp der Intrigen, Insurrektionen und Revolten war rauh. Daß er Dessalines schließlich ermorden ließ, ist unbewiesen. Daß er jedoch den Aufstand, ein Infanterieregiment ein, wurde dann Dragoner und war dabei, als der erste Aufstand der Schwarzen niedergeschlagen und die Rädelsführer Oge und Chavanne stückweise auf dem Rad zu Tode gefoltert wurden. Irgendwann einmal heiratete er die Tochter des Schankwirtes, die lustige, mollige, fünfzehnjährige Marie-Luise Coidavid, eine Schwarze mit weitgeblähten Nüstern, und führte das Gasthaus selber.

Noch während sich die Weißen mit den Mulatten um die Oberherrschaft stritten, erhoben sich im Norden der Insel, in der Provinz San Domingo, neun Zehntel der Bevölkerung, nämlich die schwarzen Sklaven, in von Aberglauben und Haß durchsetzter Meuterei. Aus dem Schein knisternder rötlich glosender Zuckerrohrbrände, aus den blutigen Orgien des Abschlachtens aller Weißen taucht plötzlich als Capitaine und Gehilfe des grimmen Toussaint-Louverture der Gastwirt Henri Christophe auf. Militärisch und organisatorisch hochbegabt, gelang es ihm, aus einem Haufen Neger, die in ihrer Verwirrung das Pulver vorne in die Kanonen füllten statt hinten, binnen kurzem eine funktionierende Armee zu drillen. Sein Jähzorn war gefürchtet. Er wußte, wie man durchgriff. Er konnte nicht lesen. Seinen Namen schrieb er lebenslang falsch, mit einem englischen Ypsilon am Ende. Doch er diktierte Antworten

Der Kaiser von Haiti

Henri Christophe, verteidigte 1802 Kap Haiti, verwandelte nach der Ermordung Dessalines den Norden der Insel in eine erbliche Monarchie, regierte als Kaiser von 1811-1820.

Der kraushaarige kleine Henri wurde am 6. Oktober 1767 geboren. Nach dem »Code noir« Ludwigs XVI. hätten ihm als Sklaven zugestanden: vier Ellen Tuch, ein wollenes Hemd, ein Hut, achtzehn Pfund Salz, monatlich eine Flasche Tafia, ein scharfer Fusel, täglich eine Flasche Limonade und etwa dreißig Gramm Salzfleisch und Fisch. Er hätte Anrecht gehabt auf einen Acker, auf dem er sich Gemüse zog, und zwei Tage monatlich frei bekommen, um diesen Acker zu bearbeiten. Doch er war der Sohn eines freien Schwarzen.

Als die Französische Revolution ausbrach und zehn Jahre der blutigsten Aufstände auf Haiti auslöste, war er schon ein breitschultriger, muskulöser Bursche mit scharfem Blick, der nach einer Zeit als Schiffsjunge und Koch in einem Gasthaus arbeitete. Schon mit elf Jahren trat er in dem dieser zum Opfer fiel, mit anstiften half und ihm keine Träne nachweinte, liegt auf der Hand.

Auf der zerstörten, geplünderten, gebrandschatzten Insel kampierten selbst die einflußreichsten Familien auf Feldbetten, von Gatten und Vätern getrennt, jeden Augenblick eine neue Invasion der Franzosen befürchtend. Aus der Zeit stammt ein Brief, den Marie-Luise diktierte: »Mit größtem Vergnügen, teurer Freund, benutze ich die Gelegenheit, Sie davon zu informieren, daß wir uns alle bei ausgezeichneter Gesundheit befinden, mit Ausnahme des kleinen Victor, der etwas unruhig ist, weil er zahnt. Ich bitte Sie, doch die Wäscherin zur Eile zu mahnen, die Kinder und ich haben fast nichts Frisches mehr anzuziehen, und Sie wissen ja, wie schwierig es hier ist mit der Wäsche. Der Zucker, den Sie uns versprachen, ist nicht eingetroffen, was uns betrübt, zumal Madame Dessalines, die mit dem gleichen Schiff ihre Spiegel erwartet. Sie und ihre jungen Damen senden herzliche Grüße ...

Eure liebende Gattin Madame Christophe«

Obwohl er es wohl ursprünglich nicht anstrebte, stand am Ende von Henri Christophes Weg die Krone. In einem Staatsrat am 28. März 1811 erklärte er Haiti zum Kaiserreich und sich selbst zum Kaiser Henri I. Sein Ziel war die absolute Macht zum Durchführen von Reformen, die

Haiti im Ansehen der Weißen heben sollte. Während sein einstiger Mitstreiter, jetzt Widersacher, bei der englischen Regierung Hilfe erbettelte, verlangte Christophe mit Würde sein Recht. Er verlangte Würde für sich und jeden Farbigen auf dem Boden der Insel.

Schon eine Woche nach seinem Regierungsantritt schuf er den erblichen Adel: vier Prinzen, acht Herzöge, zweiundzwanzig Grafen, siebenunddreißig Barone und vierzehn Ritter, ja er schuf sogar eine geistliche Hierarchie mit einem »Großalmosenier des Kaisers« und Erzbischof von Haiti an der Spitze. In kindlicher Freude entwarf er Hoftrachten wie zu einem Kindermaskenfest: Schwerter mit Goldgriff, Eskarpins, goldgestickte Mäntel, Federn in allen Papageienfarben, den haitianischen Hosenbandorden, ein gewaltiges, brillantenbesetztes Gebilde. Er selbst trug sich verhältnismäßig schlicht, in roter Tunika mit einem goldenen Stern auf der Brust, wie einst Fridericus, den er sehr verehrte. Beim Staatsbankett nach seiner Krönung dankte er in einer artigen Tischrede und machte sofort deutlich, wie sehr er sich in die Gemeinschaft der Könige aufgenommen fühle. Er begrüßte »in der Ferne seinen lieben Bruder, George III. von England, dessen Leben der Allmächtige erhalten möge, auf daß er ein unüberwindliches Hindernis für die

Ehrgeize Napoleons darstelle ...« (Napoleon galt nichts mehr bei ihm, und er nahm es ihm später schrecklich übel, daß er sich hatte verbannen lassen. »Er hätte inmitten seiner Truppen ein Ende machen müssen!« rief er aus.) England dachte gar nicht daran, ihn als Kaiser anzuerkennen, sprach ihm sogar die Regierungsgewalt über den Norden der Insel ab und hoffte, daß »dieser Christophe« sich mit seinem Gegner im Süden der Insel, Petion, aussöhnen würde. Davon war jedoch keine Rede. Petion plante, Henri Christophe ermorden zu lassen. Er verließ sich bei seinem Plan auf die Pedanterie, mit der dieser seinen religiösen Pflichten nachkam. (War er doch mit den Geistlichen ebenso streng wie mit seinen Offizieren. Als er eines Morgens die Kirche betrat und den Priester nicht vorfand, ließ er ihn von einem Detachement Soldaten abholen und ins Gefängnis werfen.) Am 2. Juni 1812 sollte der Schlag Petions fallen. Henri I. traf vor der Kirche ein und ritt die in Paradeaufstellung angetretenen Truppen entlang. Statt jedoch, wie vorgesehen, abzusitzen, wendete er plötzlich sein Pferd und rief den Soldaten zu: »Ich selbst übernehme die Parade. Sie folgen meinen Anordnungen.« In der entstandenen Totenstille zog er ein Papier aus der Tasche und ließ es von seinem Adjutanten laut verlesen. Die von Petion angestifteten Verräter unter den

Offizieren waren lückenlos verzeichnet. Sie wurden einzeln aufgerufen und traten vor die Front. Henri I. gab Befehl, zu laden, rief selbst »Feuer« und trat ohne sich umzublicken in die Kirche, um am Altar niederzuknien.

Die von Petion angestiftete Insurrektion glimmte weiter, und Henri I. ritt tage-, ja wochenlang über Land, um alle Fünkchen persönlich auszutreten. Sein Gegner andererseits wurde lasch und müde; schließlich konnte Henri I. es sich leisten, ihn zu vergessen. Er war Herr der Armee. Er, von dem es hieß, daß er Überbringer schlechter Nachrichten niederstach, daß er ganze Regimenter über die Brüstung in den Abgrund springen ließ, um ihnen beizubringen, was blinder Gehorsam sei – wußte genau, wann man nobel sein durfte.

Droben im Hochgebirge, auf dem Pic de la Ferrière, wuchs das Fort Henri, von Zeitgenossen als Weltwunder bestaunt, ein phantastisches Festungswerk, das auf fast allen Bildern des schwarzen Kaisers im Hintergrund zu sehen ist. Die Ziegel wurden an Ort und Stelle gebrannt, die Felsblöcke für die Außenmauern auf Pfaden hinaufgewuchtet, die ein Maultier verweigerte. Deutschen Militäringenieuren, die den Fortgang der Arbeiten überwachten, war es verboten, das Fort zu verlassen, damit sie nicht seine Geheimnisse ausplauderten. Diese letzte Fluchtburg stand schon droben zwischen Wolkenfetzen wie einst die Inkastadt Machu Picchu. Darin erwarteten Henri I. pompös eingerichtete Kaiserzimmer.

Drunten im Tal jedoch hielt er in romantisch benannten Schlössern – »Victory«, »Szepter«, »Collier«, »Mantel« und »Sanssouci« – Cercle wie der Sonnenkönig: Prinzen und Prinzessinnen auf Tabouretts, die ohne Erlaubnis des Großzeremonienmeisters den schlohweißhaarigen, gedrungenen Henri I. nicht anreden durften. Sein Gesicht glänzte in trügerischer Bonhomie wie das Reklamebild auf einer Kaffeebüchse, – er regierte streng, auch über die Kinder; es waren ihm nur ein Sohn und zwei Töchter am Leben geblieben. An seiner Marie-Luise hing er, feierte ihren Namenstag als Nationalfeiertag mit pompösem Festzug, Feuerwerk und Oper. Erst im Alter soll er Maitressen gehabt haben. Ein aus solcher Verbindung zufällig hervorgehender Sohn wurde mit einem bei ihm seltenen Humor als »Prinz de Variété« zur Taufe vorgeschlagen, denn »ich wollte bloß mal eine Abwechslung von meiner Frau«. Er wünschte seine Untertanen zu »einer Nation von charakterfesten, gebildeten, fleißigen Menschen« zu erziehen, mit denen sich beweisen ließ, daß sich »Schwarze von den übrigen Bewohnern der Erde in nichts unterscheiden«. Doch damit konnten seine Haitianer nichts anfangen. Sie wollten lieber weiterhin statt des Pfluges den gespitzten Stock zum Ackern benutzen, hätten gern die verlassenen, großen Plantagen dem Dschungel zurückgegeben, der sie abwürgte wie eine riesige Boa constrictor. Es bedeutete ihnen nicht viel, die ersten Sklaven der Welt zu sein, die sich befreit hatten, Schulen zu haben, aus England importierte Lehrer, und einen Kaiser, anderen Kaisern ebenbürtig, obwohl er schwarz war. Sittlich sollten sie auch noch sein. Der Kaiser ließ alle Paare trauen, von denen er den Verdacht hegte, daß sie im Konkubinat lebten, eine unerschöpfliche Quelle von Anekdoten. Die Feldarbeiter wurden früh um drei geweckt, mußten beten, frühstücken und dann mit Ausnahme der Mittagssiesta bis Sonnenuntergang hart arbeiten. Krüppel und Kranke mußten die Kinder betreuen oder den Arbeitenden Wasser bringen. Die Pflanzer wiederum waren verpflichtet, ein Viertel ihres Bruttoeinkommens den Arbeitern zu zahlen, für ihr Unterkommen und ihre Ernährung zu sorgen und ihnen einmal wöchentlich eine Hebamme oder Gemeindeschwester zu schicken. Arbeitgeber wie -nehmer wurden von einer Militärpolizei bespitzelt, die zu jeder Tages- und Nachtzeit auf sie niederstieß und strenge Strafen verhängte. Wären die Haitianer wirklich zu erziehen gewesen? Henri I. glaubte es zuversichtlich. Pedantisch ließ er seinem eigenen Sohn schreiben, was sein Sekretär ihm eingeblasen hatte: »In Ihrem Wochenaufsatz war zweimal radiert und zwei Fehler. Sie müssen sich künftig mehr Mühe geben, wenn Sie mir Freude machen wollen«, und sogar seiner gutmütigen Marie-Luise im März 1815: »Die Ärzte sagen mir, meine Liebe, daß unsere Tochter eine belegte Zunge hat. Geben Sie ihr daher morgen, Sonntag und auch Montag reichlich Sennesblätter... Sie müssen sich Vorwürfe machen, daß Sie das nicht längst getan haben...«

Im August 1820 erlitt Henri I. während der Messe einen Schlaganfall, der seine rechte Seite und sein Sprachzentrum lähmte. Seine abergläubischen Untertanen fürchteten, er täusche dies nur vor, um sie bei einer Verräterei zu ertappen. Hatte er nicht einst Schmuckstücke in den Straßen verstreut, um sie durch grausame Strafen zur Ehrlichkeit zu erziehen? Im Heer gärte es wieder einmal. Die Besoldung war im Rückstand. Im Oktober 1820 brachen Aufstände aus, man schickte sogar in den Süden »um Hilfe, den Tyrannen zu stürzen«. Henri wußte, daß es ums Ganze ging. Er ließ Rum in eisernen Kesseln erhitzen, Pfefferöl beigeben und badete darin, ließ sich dann massieren und stand auf. Mühsam, nasal, im begrenzten Wortschatz des Kreolischen, sprach er zu den angetretenen Truppen, schritt, auf den

Adjutanten gestützt, die Front ab, das Weiß des Auges blutdurchschossen, das Gesicht dunkel kastanienfarben. – Die Männer beobachteten aus dem Augenwinkel, daß er bei dem Versuch, aufs Pferd zu steigen, stürzte und auf dem Gesicht liegenblieb. Da wußten sie, daß die Kraft der Woodoo diesen Übermenschen, diesen Zauberer, endgültig verlassen haben mußte. Offiziell zogen sie noch aus, um sein Reich zu verteidigen, insgeheim aber wollten sie nur eines: plündern und zu den Rebellen überlaufen, die ihnen etwas boten, das sie begriffen: ein Leben im Müßiggang.

Als Henri I. erfuhr, daß auch die Leibgarde meuterte, zog er frische Wäsche an, schloß sich im Schlafzimmer ein und erschoß sich. Wegen der herannahenden Insurgentenarmee wurde sein Leichnam in unwürdiger Hast ohne Sarg zur Zitadelle, seiner letzten Fluchtburg, hinaufgetragen und dort in eine vom Bau übrige Kalkgrube gekippt. Die treuen Diener plünderten bereits: was sie nicht tragen konnten, zerstörten sie. Der Kronprinz wurde zehn Tage später als Gefangener mit Bajonettstichen getötet, Marie-Luise und die beiden Töchter starben in Europa im Exil an Heimweh und Lungenschwindsucht.

Jahrzehnte später sackte der Kalk im provisorischen Grab des schwarzen Kaisers in sich zusammen, die Holzplanken verfaulten, und es wurde ein Skelettarm mit ausgestrecktem Finger sichtbar, der gen Himmel wies. Die Touristen pilgerten hin und bestaunten das makabre Denkmal. Auch die Republik, die nach dem Kaiserreich Haiti kam, brauchte volle siebenundzwanzig Jahre, ehe sie ihn würdig begrub.

Schwester Margalida

Schwester Margalida ist Spanierin. Sie war noch nie bei einem Stierkampf, sie weiß keinen Fächer zu handhaben, und ob sie schwarzhaarig ist, weiß ich nicht, denn ich habe ihr Haar unter der Haube nicht gesehen. Niemals wird sie das drahthafte Geklimper einer Gitarre hören, die ihr zu Ehren unter dem Balkon gespielt wird, sie ist schon mit vierzehn Jahren von zu Hause fortgekommen. Zu Hause, das war die in fettiges Schwarz gekleidete Mutter, die mit dem Rücken zur Straße auf dem Strohstühlchen im Eingang saß und flickte, das waren die sechs Geschwister, deren Namenstage sie nun mit einem Extragebet voller Inbrunst feiert, statt eines Geschenkes. Sie hat Armut nicht erst geloben müssen. In Klausur jedoch lebt sie nicht. Vor- und nachmittags unterrichtet sie die Kinder des Dorfes, das den Namen der Madonna trägt, im Handarbeiten. Die Dielen der zwei Schulräume sind so abgetreten, daß es fast nichts mehr nützt, sie zu scheuern, der Rücken des Gebäudes fällt ein, wie bei einer Kuh nach dem Kalben. An die kahlen Scheiben hat Schwester Margalida mit Schlämmkreide Vorhänge malen lassen, zierlich zur Seite geraffte, ein

Beweis für ihren Humor und ihren Schönheitssinn.

In der nahen Stadt traf ich sie, in dem Laden, in dem ich nochmals nach der Kirche San Tomé fragte. Die Bewohner Avilas hatten mein Schulspanisch nicht verstanden und nur mit leerem Blick den Kopf geschüttelt. Schwester Margalida aber verstand mich. Sie schob ihre Einkäufe, Garn und Nadeln wohl, samt dem Geldbeutel tief hinab in die schier grundlose Rocktasche (die Bewegung glich dem weichen Niedersinken einer Katze im Sprung) und begleitete mich auf die Straße hinaus und weiter. Sie schlug einen wahren Sturmschritt an, den sie auch nicht minderte, als Kinder herbeigesprungen kamen und versuchten, im Gehen den von ihrem Gürtel baumelnden Kruzifixus zu küssen. Gebückt hüpften sie neben uns her. Es herrschte glühende, staubig riechende Hitze, doch Schwester Margalidas glattes Gesicht war blaß und kühl wie eine geschälte Mandel. Das Ordensgewand, schwer und rauh, schien sie sogar gegen das Klima abzuschirmen. Sie fror ja auch nicht, wenn sie an Wintermorgen früh um vier auf den Steinfliesen der Kapelle lag und der eisige Wind aus der Sierra de Gredos um die Ecke pfiff. Halblaut begann sie ein kleines Gespräch, das bei ihrer Gangart etwas Atemloses bekam. Ich käme doch sicherlich aus Paris. Man komme immer aus

Paris. Aus Bayern? Ach ja, Bayern gebe es, eine in ihrem Konvent sei aus Bayern gewesen, sie sei nun tot. Ganz geschwind musterte sie mich, ob auch an mir schon Zeichen baldigen Ablebens wahrnehmbar seien, man sah kaum, daß ihre Augen sich bewegt hatten. Wir durchquerten Menschenmengen, die sprachen, gestikulierten, schwiegen, stritten; es war aber, als stünden wir still und alle würden eilends zu beiden Seiten an uns vorbeigezogen, als käme auch die Kirche schließlich auf uns zu, die ich gesucht hatte. Schwester Margalidas Sätze folgten einander rascher, nicht alles verstand ich. Vom Wetter ja, von der Trockenheit auch und von dem großen Gemüsegarten des Klosters, in dem Schwester Margalida arbeitete, wenn sie nicht Handarbeitsunterricht gab. »Unser Leben ist nicht leicht, Señora«, erläuterte Schwester Margalida sachlich, »da braucht man viel Gemüse, um vergnügt zu sein.«

Vergnügt – so wollte die heilige Therese von Avila ihre Nönnchen, ließ sie in halbverfallenen Häusern, in die der Regen eindrang, singen und tanzen, tanzte mit, unter dem öden Winterhimmel Kastiliens, von Schmerzen geplagt. Bei ihrem Denkmal trennte ich mich von Schwester Margalida. Zehn Minuten von den hundert Jahren, die sie und ich gemeinsam alt sind, haben wir miteinander gesprochen. Noch immer eilt sie im Sturmschritt durch meine Geschichten, läßt sich zu meiner Überraschung hie und da darin nieder. Ihren Gewändern entflattern die Legenden, ihre gepolsterten Händchen setzen Sellerie und Lauch, stechen die Nadel ins purpurne Herz einer gestickten Rose. Möge sie, wenn sie am Morgen den Eimer des Brunnens heraufleiert, eines Tages, wie in der Legende, das Jesuskind darin finden.

Samuel Fischmann

Er war geborener Münchner, liebte den Fasching und das Oktoberfest, ein untersetzter, rundgliedriger Mann mit fahrigen Bewegungen. Wenn er jemandem einen Gefallen tun konnte, so galt ihm die aufgewendete Zeit für nichts. Als Geschäftsmann war er überaus zuvorkommend – ich glaube, er war in der Textilbranche tätig. Komplimente trug er allzu dick auf, so als mache er sich über den Komplimentierten heimlich lustig. Beim Lachen meckerte er, aber seine Augen lachten nicht mit, sie schauten rund und traurig und uralt, als wisse Sammy etwas, das die übrigen nicht wußten, und als müsse er unaufhörlich daran denken. Er aß gern, was seiner Linie schlecht bekam, probierte in kleinen Konditoreien gern Spezialitäten, kannte diese und jene Schmankerlstube. Auf dem Viktualienmarkt kehrte er stets bei derselben reschen, derb scherzenden Standlfrau ein. Im Hintergrund ihres quadratischen Pavillons standen ein paar fettige Tischchen, an denen man eine belegte Semmel essen, einen neuen Käse kosten konnte.

Es kamen die schlimmen Jahre für Sammy und die Seinen. Warum er denn nicht ins Ausland gehe, bei seinen Verbindungen? »Warum denn, ich bin doch hier daheim«, meinte Sammy und ließ seine Pumapfoten kreisrunde Bewegungen machen.

Irgendwann wurde sein Geschäft dann doch arisiert. Irgendwann entschloß er sich und verließ München, Bayern, seine Welt. Er betrat die Gangway zum fremden Schiff mit eingezogenem Kopf. Schon sein erstes Gespräch mit dem Decksteward hatte etwas atemlos Liebenswürdiges.

Er geriet nach Bogotá, schlug sich durch, überdauerte Wirtschaftskrisen und Dürreperioden. Die aufgedunsenen regungslosen Kadaver verdursteter Tiere, über die die Einheimischen so gleichmütig hinwegstiegen, ängstigten ihn. Sie wurden ihm zu grauenvollen Chiffren für Berichte aus Deutschland, engten sein Blickfeld derart ein, daß er nicht mehr essen konnte, was er früher am liebsten getan hatte. Er kam mit einem undefinierbaren Leiden ins Krankenhaus, wo er lange lag. Er fing sich wieder. Er eröffnete ein kleines Geschäft – Textilien, wenn ich nicht irre. Er, der in München ein begeisterter Junggeselle gewesen war, nahm eine fremde Frau, mit der er glücklich war und die ihm nach ein paar Jahren starb.

Irgendwann war er dann Mitte Fünfzig, der Alpdruck, der über der alten Heimat gelegen hatte, war gewichen. Er hatte Heimweh nach München, dem Föhn, dem Klang der Trambahnklingeln. Er übergab das Geschäft vertretungsweise einem Bekannten, Herrn Rosenzweig. Er ließ die Frage offen, ob er wiederkomme, und reiste nach Hause.

Es war Frühjahr, von den Dächern troff es den Passanten in den Halskragen, Schirmduelle wurden ausgetragen. Herr Samuel Fischmann ging mit eingezogenem Kopf durch die einst zerbombten, jetzt wieder aufgebauten Straßen zum Viktualienmarkt, zu dem unveränderten quadratischen Pavillon mit der resolut werkenden, ledern gewordenen Standlfrau, schob sich an die Ladenbudel heran; seine runden, leicht verschleierten Augen blickten schlau und traurig. Die Standlfrau erkannte ihn sofort. »Jessas, der Sammy«, krähte sie und ließ das Käsemesser fallen. »Ja mei, geh nur grad her, oida Spezi. Was mogst denn?«

Ich traf Herrn Fischmann am gleichen Nachmittag und hatte es nicht so leicht wie die Standlfrau. Die dazwischenliegenden Jahre und Vorkommnisse drückten mir die Kehle zu. Nach längerem Ringen um die nötige Unbefangenheit, da sich alles andere verbot, fragte ich ihn, wohin er denn unterwegs sei. Ich dachte an das Wiedergutmachungsamt, an sein einstiges Wohnhaus. Sammy ließ seine weichen Hände vage entschuldigende, schicksalsergebene Bewegungen machen. »Ich suche«, sagte er, »in den kleinen Konditoreien nach einer Prinzregententorte, die kracht.«

Eine Mitschülerin

Gisela und ich gingen in die gleiche Klasse. Sie war ein lebhaftes, goldblondes Kind, wollte erst Tänzerin werden, fand dann die Atmosphäre in den Übungssälen unangenehm und ließ es. Als Sekretärin eines großen Industriekonzerns traf ich sie wieder. Die Fragen nach dem gegenseitigen Ergehen gerieten vor Überraschtheit allzu herzlich. Gisela, die bei allem, was man ihr berichtete, in ein freundliches, etwas nervöses Lachen ausbrach, hatte bei dem, was sie selbst erzählte, weniger Humor. Es sei doch im Grunde ein trostloses Leben in so einem Büro, sagte sie, die Überstunden, die ungerechten, launischen Chefs, das Heimkommen ins möblierte Zimmer. Ich könne das gewiß nicht so verstehen, ich hätte meine Eltern noch. »Man ist so entsetzlich allein«, sagte sie, »wenn man doch nur jemanden hätte, zu dem man gehört! Na, hoffentlich wird das mal anders!« Ich machte ihr ein Kompliment über ihre Frisur, ihr Kleid, und sie erwähnte, sie verfüge neben ihrem Gehalt noch über private Einkünfte aus einer Familienstiftung. »Aber wozu schmückt man sich schon?« fragte sie. »Für die gräßlichen Leute, mit denen man in der Werkskantine ißt?«

Ich freute mich, ihre Verlobungsanzeige zu bekommen, gratulierte ihr bald persönlich. Günther hieß er; ich bekam ihn nicht zu Gesicht, doch führte sie in meiner Gegenwart ein endloses Telephongespräch mit ihm. »Wenn wir doch endlich eine Wohnung fänden«, klagte sie, »dieses Angewiesensein auf das Wochenende und die Abende ist zu dumm. Man hat ja gar nichts voneinander.«

Ein halbes Jahr später heiratete sie, und ich besuchte sie in ihrer frischeingerichteten Wohnung. Günther war im Geschäft. Ihr Silber war so gut geputzt, daß es bläulichem Glas glich, die Tablettdeckchen waren leicht angestärkt. Ich beglückwünschte sie, wie geschmackvoll alles sei (ich war sicher, daß sie gerade dieses Wort hören wollte), und sie rückte ein Kissen zurecht und meinte, es sei ja alles sehr schön, aber im Grunde kein Lebensinhalt, in den paar Zimmern abzustauben. Abends sei Günther zu müde und durch die Tyrannei seines Vaters und Chefs zu sehr verärgert, um ein gepflegtes Heim recht zu würdigen. Sie zähle die Tage, bis er eine neue, selbständige Stellung finde, in der er sich entfalten könne. Er sei von Natur viel zu weich und lasse sich alles gefallen.

Die neue Stellung ergab sich anderthalb Jahre später, und Gisela sagte mir am Telephon, es sei wie verhext, daß sie dazu ausgerechnet nach Stuttgart ziehen müßten, da sie doch im fünften

Monat sei und gern etwas mehr Ruhe hätte. Sie könne es kaum erwarten, daß das Kind käme. Günther sei gewiß goldig, aber er habe begreiflicherweise kein Verständnis dafür, wie sie darunter leide, ihrer Nieren wegen Diät essen, ihm aber Schnitzel braten zu müssen.

Das Kind war ein Sohn. Gisela schrieb auf einer Postkarte, leider habe er Milchschorf und sei sehr unruhig, sie selbst infolge mangelnder Nachtruhe völlig fertig. Wenn er nur erst aus dem Gröbsten heraus wäre, damit man aufatmen könnte. Sie bekam ein Jahr später einen zweiten Sohn, ließ aber außer der Anzeige nichts mehr von sich hören.

Nach dem Krieg erst kam ich nach Stuttgart. Gisela war noch immer gepflegt und elegant, hatte etwas Ruheloses und Unzufriedenes; die beiden halbwüchsigen Jungen waren nett und artig. Ich beglückwünschte sie. Sie meinte, es seien ja liebe Kerle, aber sie wisse vor lauter Arbeit oft nicht, wo ihr der Kopf stünde: die große Wohnung und alles ohne Putzfrau, die letzte habe ihr kürzlich gekündigt. Sie komme eigentlich zu nichts mehr, was ihr das Leben lebenswert mache, zu keinem Buch, in kein Konzert, kein Theater. Die paar Urlaubswochen seien viel zu kurz; nehme man die Kinder mit, so erhole man sich nicht, lasse man sie bei der Großmutter, würden sie unerträglich verzogen. Günther, ja, der habe ja zwischendurch seine Geschäftsreisen, sie aber kenne so gut wie nichts von der Welt. Das alles müsse bald anders werden, die Zeit schreite erbarmungslos fort, so jung sei man auch nicht mehr. Günther werde demnächst Abteilungsleiter, da stünden sie sich finanziell besser und könnten mehr unternehmen.

Für die verstreichende Zeit hatte sie das Wort »erbarmungslos« gebraucht. Mit schaler Präzision erinnerte ich mich daran, als ich kurz darauf von Günthers plötzlichem Tod erfuhr. Wenige Monate darauf war das Klassentreffen, zu dem auch Gisela kommen wollte. Ich fürchtete mich vor ihr, wie man sich vor einem Abgrund fürchtet, in den man im Traum immer wieder stürzt. Sie war jedoch kaum verändert. Teilnehmend scharten sich die Mitschülerinnen um sie, hilflos vor der Aufgabe, ihr etwas Tröstendes zu sagen. Das Tröstlichste aber sagte sie selbst. Ihr, die über Unwichtigem vergessen hatte, glücklich zu sein, hatte sich in der wunderlichen Alchemie des Leides das Erhoffte in das Genossene verkehrt. Das Unerreichbare war zum Unwiederbringlichen geworden. Sie wählte mich aus, für sie zu zeugen. »Du weißt es ja am besten«, rief sie mit nassen Augen, »wie paradiesisch schön ich es immer mit ihm gehabt habe!«

Ich sagte, ich wüßte es.

Die Axt

Der Thomas schlug unser Holz und das sämtlicher Nachbarn. Es war seine liebste Beschäftigung. Im schwebenden Innehalten der bläulichen Schneide, ehe sie niederfuhr, im krachenden Auseinanderpoltern der Scheite sah er vielleicht eine geheime Ordnung der Dinge bestätigt, etwas, das ihn nahe anging, ihn befriedigte. Er war überlang und knochig und ging mit schwingenden Schritten, fast ohne die Knie zu heben, so als triebe die in seiner Hand pendelnde Axt ihn an, die ihm mit den Jahren irgendwie ähnlich geworden war. In seinem ausdruckslosen Gesicht war nur eines überraschend: ein seitlich stehengebliebener Zahn. Ich hielt Thomas für einen Greis. Er war Mitte Vierzig. Wenn man ihn holen kam, lag er auf einem gewürfelt bezogenen Bett in seiner muffigen Kammer, die Arme hinterm Kopf verschränkt, und starrte zur Decke auf. Weil er nie sprach, meinte ich, er könne auch weder lesen noch schreiben. Doch eines Tages kam er und bat undeutlich murmelnd um »a Bichi zum Lesen«, wir hätten doch so viele. Er las etwa dreißig hintereinander; ob sie ihm gefielen, erfuhren wir nicht.

Nicht nur hierin hatte ich ihn unterschätzt. Der

Thomas hatte seit Jahren ein Liebesverhältnis mit einer Frau, die im Nachbardorf verheiratet war. Sie war eine schlampige Person mit dem intensiv schamlosen Blick der nicht ganz Normalen und einem seltsam tappenden, nach vorn fallenden Gang. Im Halbdunklen meinte man, ein aufrecht gehendes Tier komme daher, auf den Griff eines alten Kinderwagens gestützt, den sie kein Jahr leer ließ. Zwei ihrer Kinder waren vom Thomas. Helle, freundliche, gescheite Kinder im Schulalter. Niemand in unserem Dorf konnte und mochte sich das Dreiecksverhältnis zwischen diesem weiblichen Troll, ihrem Angetrauten und dem Thomas vorstellen, der des öfteren stumm und zielstrebig in das windschiefe Häuschen schlurrte, an dem stets Wäsche trocknete.

Ich sah das Paar nur einmal beisammen, und da herrschte eine unheilvolle Gereiztheit zwischen ihnen. Sie standen beieinander wie zwei, die zusammengekettet sind und es lieber nicht wären. Die Frau schalt mit eintöniger, greinender Stimme. Der Thomas gab nur manchmal einen Laut zur Antwort, eine Art Knarren, wie eine Fichte im Wald.

Die Trollin, so hieß es, schicke des öfteren die Kinder zum Thomas in die muffige Kammer. Um ihn zu besuchen, sagten die einen. Um ihn zu erpressen, die anderen. Das böse Wort war eben erst aufgeflackert, da war bereits anderes, Schlimmeres geschehen. Die Frau bezichtigte den Thomas der Unzucht mit den eigenen Kindern und drohte ihm mit dem Gericht. Der Thomas holte sich nirgends Rat. Aus Scham, daß man ihm so etwas zutraue, meinten die einen. Aus Angst und schlechtem Gewissen, die anderen. Wir erfuhren es erst viel später. Doch da hatte der stumme, ungeschlachte Mensch schon keinen Ausweg mehr gewußt. Vielleicht meinte er das Unabwendbare über sich blitzen zu sehen wie die Schneide der Axt.

Am Abend ging er ins Wirtshaus und trank zwei Halbe Bier, schweigend, wie immer. Nachts hörte der Fischer im Halbschlaf hallende Schritte auf dem Dampfersteg, die immer wieder umkehrten, und meinte, dort lüfte einer seinen Rausch aus. Dann wurde es still.

Am nächsten Mittag erst zog man den Thomas aus dem bleigrauen See, der ihn barmherzig, rasch und sachlich erstickt hatte. Es muß Frühjahr oder Herbst gewesen sein. Als sie ihn hinauffuhren, um ihn im Spritzenhaus aufzubahren, fielen ein paar Schneeflocken.

Neben einem brennenden Haus

Auf dem schlesischen Gut kam zweimal im Monat eine Frau Schmitt und half bei der großen Wäsche. Es gab dann Klöße mit Backobst, und die Mädchen hatten viel zu lachen über die Schmitten, deren Witze ich nicht verstand. Ich war elf. An mich richtete sie nur das Wort, um mich vor der spritzenden Seifenlauge zu warnen oder mich zu mahnen, die Tür nach draußen offenzulassen, damit der Dampf aus der Waschküche abziehen konnte. Die Schmitten hatte einen zwanzigjährigen Sohn, den man nirgends behalten wollte, aber den traf ich erst an dem Tag, als es bei Schmitts brannte.

Ich hätte in die Klavierstunde gehen sollen, aber der Rauchpilz über den verschneiten Feldern, der von bernsteinfarben zu samtgrau wechselte, zog mich unwiderstehlich an. Es prasselte und lärmte, Kühe brüllten, an einem kahlen Apfelbaum lehnten ein paar armselige Möbel und Matratzen. Die Schmitten, die ich auf der Brandstelle vermutet hätte, saß mutterseelenallein in der Schlafstube beim Nachbarn, in der es nach alten Kleidern und Naphthalin roch. Ich drückte mich zur Tür herein, zugleich sensationslüstern und berstend vor

Mitleid, und meinte irgend etwas Teilnehmendes sagen zu müssen. Mitten im Satz brach ich ab. Diese steife, fahle Weibsperson glich kaum noch der Schmitten, die immer die Seife so vergnügt auf den Tisch geknallt hatte. Sie sah auch nicht zum Fenster hinaus, auf ihre geretteten Sachen, sondern zur Zimmertür. Auf ihrer Stirn glitzerte Schweiß, obwohl die Schlafstube ungeheizt und feuchtkalt war. »Kann ich Ihnen irgendwie helfen?« fragte ich, in der Hoffnung, daß sie mich irgend etwas tun lassen und ich fortgehen dürfe. »Nu nee«, sagte die Schmitten gepreßt und fing an, sich mit vier Fingern der linken Hand über die Lippen zu fahren, als sei dort etwas wegzuwischen, was nicht weichen wollte. Die Rechte lag wie abgestorben im Schoß. Ein Wecker vom Waschtisch tickte überlaut, sonst war es bis auf die dumpfe Unruhe von draußen ganz still. Nach der Ursache des Brandes zu fragen erübrigte sich. Ich hatte schon draußen gehört, daß der Kamin schadhaft gewesen war. Ich setzte mich leise auf einen zwischen Kommode und Bett eingeklemmten Stuhl.

Draußen auf dem fliesenbelegten Gang kamen Schritte näher. Die Schmitten veränderte ihre Haltung, ihre Finger hörten einer nach dem anderen auf sich zu regen. Irgend etwas Gefürchtetes kam heran, was konnte es sein? Einen Augenblick dachte ich, auch das Haus, in dem wir uns befanden, habe Feuer gefangen. Dann flog die Tür auf, und im Umsehen war der kleine Raum voller Männer, die alle durchdringend nach Rauch stanken. Der Gendarm führte einen jungen Mann mit struppigem Haar herein, der die Arme hölzern hängenließ, und fragte die Schmitten barsch, ob sie wisse, daß auf dem Bodenraum ihres Hauses Diebsbeute versteckt gewesen sei. »Nu nee«, sagte die Schmitten und hielt den Blick auf das verstockt gesenkte Gesicht ihres Sohnes gerichtet, als sei sonst niemand da. Ich war aufgestanden. Es kam mir unpassend vor, in einem solchen Augenblick wie ein Zuschauer sitzenzubleiben, denn ich spürte am eisigen Gewicht meines Magens, daß die Schmitten log. Die Männer scharrten verlegen mit den Füßen, und einer meinte halblaut, das Fernrohr vom Doktor sei auch dabeigewesen und was zum Teufel der Jakob mit dem Fernrohr gewollt habe und ob man sich so etwas erklären könne. Die Schmitten hörte ihn gar nicht; es schien, als wolle sie aufstehen und ihren Sohn umarmen oder ihm sonst eine Zärtlichkeit erweisen, aber die Hände, die so derb die Wäsche hin- und herschlugen, fanden die ungewohnte Geste nicht und sanken wieder herab. Ein Nachbar räusperte sich und sagte, das Feuer sei übrigens so gut wie nieder und wenn die Schmitten wolle, so könne sie bei ihnen wohnen einstweilen. Mit der Zeit komme wohl alles in Ordnung. Der Gendarm zog etwas Silbernes aus der Tasche, das der Jakob sich widerstandslos anlegen ließ, und knurrte, es werde ja den Kopf nicht kosten. Als hätte er auf dieses Stichwort gewartet, begann der Bursche zu plärren und fuhr sich mit dem freien Arm durchs Gesicht. Der Gendarm sagte noch etwas Dienstliches, dann drängten die Männer hinaus und ließen die Tür zur muffigen, kalten Stube offen.

Die Schmitten sah auf und blickte mich voll an. Sie wetzte sich mit abgespreiztem Daumen über die Schürze hin, als wolle sie einen Schmerz im Knie beschwichtigen. »Was wissen denn die«, sagte sie zu mir. »Die wissen gar nischt. Er war ein gutter Bub. Und immer su sparsam.« Mit einemmal bekam meine Anwesenheit einen Sinn. Vor mir konnte sie den Sohn verteidigen. Da stand ich, grub unsicher in meiner Manteltasche, förderte Wollflöckchen zutage und hörte zu, wie diese groteske, diese ehrwürdige Mutter die Welt zurechtrückte. Ihre und meine.

Denise oder Ballade auf dem Montparnasse

Ich traf sie eines Vormittags im vierzehnten Bezirk von Paris. Von weitem dachte ich, sie hätte sich zum Ausruhen auf der Kante des Trottoirs niedergelassen. Es stehen ja nie Bänke dort, wo man sie braucht. Vielleicht war sie müde von ihren Einkäufen. Sie stützte sich rechts und links auf einen unordentlich geschnürten Pappkarton und eine Lackledertasche. Ihre Füße lagen abgewinkelt im Rinnstein. Beim Näherkommen bemerkte ich, daß ihr Mantel falsch zugeknöpft war und daß sie einen verwahrlosten Eindruck machte. Ich verhielt den Schritt, um nach meinem Portemonnaie zu suchen, aber sie bettelte nicht. Sie schaute stumpf-geduldig die Straße entlang, so wie man auf einen Autobus wartet. Der Mann mit der Schirmmütze, der den Hydranten aufdrehte und mit einem zusammengewundenen Lappen das Wasser in die eine Richtung leitete, schien sie zu kennen. Als er mit dem breiten Besen gemächlich Abfälle und Platanenblätter die Gosse entlangschob, bat er sie kurz und ohne zu lächeln, die Füße hochzuheben. Sie rückte beiseite, um von dem trüben Strom nicht benetzt zu werden. Während der Mann weiterkehrte, machte er zu mir eine Kopfbewegung und schürzte die Lippen, um anzudeuten, diese Frau sei verrückt. Ich ging weiter, ich war nicht mehr weit von zu Hause.

Als ich abends durch die gleiche Straße kam, war dort kaum noch Verkehr. Schon zur Nacht umgeschaltet, blinzelten drei Paar gelbe Kreuzungslichter übereinander durch den zum Montparnasse ansteigenden Platanentunnel wie Käuzchenaugen. Durchs Taxifenster meinte ich eine ähnliche Frau wie die von heute vormittag in der Ferne davonschlendern zu sehen.

Der nächste Morgen leuchtete wie eine graue Perle, obwohl die Sonne nicht schien. Der Wind wühlte in den Platanen. Ich ging ins Café am Eck, um zu frühstücken. Die Frau war wieder da. Sie saß diesmal etwas weiter unten an der Straße. Es war die gleiche Schachtel, die gleiche Wachstuchtasche. Die Kleider schienen ihr angewachsen wie ein Fell.

Der Wirt des Bistros kannte sie. Sie hieß Denise. Sie übernachtete mit ihrem Gepäck in Kellern und Treppenhäusern. Mehrmals war sie in ein Asyl eingewiesen worden, aber sie brach immer wieder aus. Das große Restaurant drüben an der U-Bahn-Station hatte einmal ihr gehört. Nach dem frühen Tod ihres Mannes hatte sie es umsichtig und energisch geführt. Sie war hart und schaute aufs Geld. Bis sie den neuen Kellner einstellte und sich Hals über Kopf in ihn verliebte. Es war, sagte der Wirt, indem er Gläser polierte und gegen das Licht hielt, als würfe man eine Fackel in einen Strohhaufen. Von Stund an änderte sie sich, änderte ihr Leben. Sie ließ sich die Haare färben, schminkte sich, zog sich elegant an. Gemeinsam mit dem Kellner brachte sie ihr Erbe durch. Als es zum Bankrott kam und sie verkaufen mußte, verließ er sie. Er verschwand und ließ sich nie wieder blicken. Sie blieb in der Nähe des Restaurants, zuerst in kleinen Pensionen, dann in möblierten Zimmern, später im Freien. Sie glaubte sich nicht weiter entfernen zu dürfen, aus Angst, er finde sie sonst nicht mehr, wenn er zurückkam. Jeder im ganzen Viertel kennt sie, es ist nichts zu machen, sagte der Wirt und fuhr mit einem Lappen über die zinkbeschlagene Theke.

Mittags waren die Schatteninseln unter den Platanen klein. In einer davon saß Denise, den Kopf in die Hand gestützt, und sah ohne Unruhe den Verkehr vorüberfluten. Leere umschloß sie und trennte sie von jedem Obdach. Ich ging vorüber und fragte mich, ob sie sich den Augenblick noch vorstellen kann, in dem das geliebte Gesicht aus dem Nebel von Menschen und Fahrzeugen auftaucht.

Ein Altersheim

Alles war sehr vornehm und privat. Auf der Glasscheibe der Tür verneigten sich bleigefaßte Tulpen, an der Wand hing immer noch der Zeitungshalter, auf dem sich Brandmalerei und Perlenstikkerei vereinten. Als Großmama noch hier wohnte, war das Eßzimmer weniger hoch und dunkel gewesen. Zum Kaffee müsse ich wenigstens bleiben, sagte die Vorsteherin, und ich stand in der Nähe der Tür herum, bis sich der kleine Kreis in unregelmäßigen Abständen um den ovalen Tisch setzte. Bei manchen dauerte es recht lange. »Nicht helfen, nicht helfen«, zischelte mir die Vorsteherin zu, als ich aufspringen wollte. Die eingeschenkten Tassen erreichten nicht alle ohne Unfall das andere Tischende. Die Kuchenschüssel ging herum. Die Geheimrätin kniff abwehrend den Mund zusammen und gab den Kuchen nicht weiter. Man mußte über sie hinweggreifen. »Hart, wie immer«, murmelte sie giftig, »wer soll das beißen.« Fräulein Paula, ihre Nachbarin, blinzelte ein wenig, tat gleichgültig und nahm nach einem Seitenblick drei Stück auf einmal. Sie war es, die nach jedem Weihnachten und Geburtstag Nachschriften zu ihrem Testament aufsetzte. Der jüngst hinzugekommene Regenschirm, das Paar Filzschuhe mußten ordnungsgemäß verbucht werden. Der Oberst erzählte, er habe heute einen Brief von seinem Neffen bekommen, einem sehr orientierten Mann, er arbeite im Kreisbauamt in Neustadt. Herr Nentwig nahm die Hand vom Ohr. Neustadt sei ihm wohlbekannt, sagte er, er habe einige Jahre dort gelebt. Man erklärte ihm, es handele sich um Neustadt an der Weinstraße. Gewiß doch, Neustadt an der Dosse, er habe ja selbst dort gewohnt, und zwar im Jahre 1905, wiederholte er.

Plötzlich setzte die Geheimrätin eine Taschenbatterie, von der eine schwarze Schnur zu ihrem Ohr lief, vor die Vorsteherin und sagte mit unerwarteter Schärfe, daß sie ihre letztwilligen Verfügungen zugunsten einer Nichte geändert habe. Ihre Schwester habe sie nämlich seit Oktober nicht mehr besucht. Jawohl, seit Oktober. Die Vorsteherin neigte sich vor und sagte: »Ich bin aber sicher, daß Ihre Schwester damit rechnet, bedacht zu werden« in die Taschenbatterie. Es sah aus, als hätte sie hineingespuckt.

Fräulein Paula kaute heftig, ihr Gesichtsausdruck ging in dem Aufruhr der sich ineinanderschiebenden Kiefer unter. Dann wandte sie sich an mich und raunte, die Majorin habe gestern wieder zwei Herzattacken gehabt. »Ich bekomme dann ihr Südzimmer«, sagte sie und nahm sich noch mal Zucker nach. Ich wußte nicht, ob ich »Wie schön« oder »Wie schrecklich« sagen müsse, fing an zu schwitzen und suchte meine Handtasche, die mit Donnergepolter vom Stuhl fiel. Niemand nahm Notiz davon. Der Oberst betrachtete mich eine Weile, seine rechte Wange zuckte. Dann sagte er höflich, wir sähen einer Kältewelle entgegen. Er bedauere das um so mehr, als es in seinem Zimmer ziehe. Er habe schon wiederholt darauf hingewiesen, doch sei dem Übelstand bisher nicht abgeholfen worden. Sein Rheuma reagiere sehr unangenehm auf Zug.

Die Geheimrätin unterbrach ihn. »Die Kältewelle soll schlimmer werden als 1929«, sagte sie mit hoher, zitternder Stimme. »Ich werde sie gottlob nicht mehr erleben.« Sie zog die Schultern unter dem gestrickten Schal behaglich krumm, wie jemand, der sich an einem Ofen wärmt. »Noch so ein Anfall, hat der Arzt zu meinem Sohn gesagt, noch so ein Anfall, und ich garantiere für nichts. Sie dachten, ich höre sie nicht. Ich höre ausgezeichnet, viel besser als gewisse Leute.« Sie schmunzelte. »In Amerika hat sie schon begonnen, die Kältewelle«, sagte sie schrill und sah schadenfroh in die Runde. Glücklicherweise stand irgend jemand auf, ohne sich zu verabschieden, und auch die übrigen tasteten nach ihren Stöcken, die sich mit den Krücken in den hölzernen Auswüchsen der Stuhllehnen verfangen hatten.

Ich ging schnell den altbekannten Korridor zur Küche entlang, um mich endlich mit jemand Jungem zu unterhalten. Hoffentlich war die Leni da und nicht ausgegangen. Sie saß mitten in der schön aufgeräumten Küche am Tisch, trank aus einer dicken Tasse und hielt den Löffel zwischen Zeige- und Mittelfinger fest. Hatte sie eigentlich immer so ausgesehen, so sommersprossig, so flach und fleckig im Gesicht? Na, wenn sie nur ihrem Gustav gefiel. Seine Photographie stak, zusammen mit einigen Gummiringen, einem Wochenhoroskop und einem Rezept für gedeckten Apfelkuchen, in der Porzellandose auf dem Büfett. Warum begrüßte mich die Leni heute so zurückhaltend? War ich das letzte Mal nicht nett genug gewesen? Es war schon länger her, sie war empfindlich, vielleicht hatte ich etwas Falsches gesagt? »Wie geht's Gustav?« fragte ich munter, um recht schnell wieder Kontakt zu ihr zu bekommen.

Eine fahle Röte stieg ihr ins Gesicht und machte sie noch häßlicher. »Er kommt nimmer«, sagte sie still.

»Aber Leni, was –«, stotterte ich. Die Leni schnitt mir die Rede ab, meinte, das sei nichts für ein so junges Fräulein, und stand schwerfällig auf, um am Ausguß pflichtschuldig Tasse und Löffel auszuspülen. Sie war etwa im sechsten Monat. Es juckte mich hinter den Ohren, hätte ich doch wenigstens nicht nach ihm gefragt, aber jetzt war nichts mehr zu machen. Leni verlängerte die peinliche Stille nicht unnötig. Sie zog ein Schubfach aus, entnahm ihm ein Heft mit Strickanweisungen für Babykleidung, Wolle und Nadeln und ließ sich wieder am Tisch nieder. Ich stand neben ihrem Stuhl, wußte nicht, wo ich die Hände lassen sollte, hätte ihr so gerne etwas Liebes erwiesen, nur ihre Schulter angerührt, aber es schien schon zuviel. Sie würde es nicht wollen. Sie fing an, auf einem Muster die Maschen zu zählen, und sagte nach einer kleinen Pause, ohne aufzusehen: »Ich tu' es dann zu meiner Schwester. Die wohnt am Land.« Draußen hatte es angefangen zu schneien: Auf dem Balkon schwebten Schneeflocken auf Putzeimer, Schrubber und Lappen zu. Plötzlich klingelte es, und in dem altmodischen Glaskasten über der Tür fiel die Nummer vier. Im Eßzimmer war abzuräumen, und die Leni ging.

Stokowski

Stokowski hatte sich bereit erklärt, ein Interview zu geben. Es sollte auf Band geschnitten und abends, etwa eine Stunde, ehe er im Konzertsaal das Podium betrat, gesendet werden. Ich hatte im Funkhaus nichts zu suchen, aber ich wollte ihn unbedingt sehen. Ich lief auf Korridoren herum, klopfte an Türen, machte wichtige und unwichtige Besuche. Der Vormittag verging in fieberhaftem Warten. Von der Tagesschau getraute sich keiner zum Essen hinunter in die Kantine. Wir ließen uns etwas heraufschicken. Als wir just dabei waren, es zu verschlingen, kam jemand atemlos gestürzt, um Stokowski anzukündigen. Wir stießen das Essen (Sauerbraten mit Klößen) in den Garderobenschrank, damit das Büro ordentlicher aussah, und wischten uns den Mund.

Hereingeführt wurde ein Mann, der zum schwarzen Hemd ein helles Jackett und einen hellen Schlips trug. Mit der weißen Mähne hinter zu hoher Stirn und den feisten Backen glich er einem alten Schauspieler. Er ging allzu elastisch, als hätte er dicke Gummisohlen an. Er bat freundlich um ein Blatt Papier, er wolle ein paar Zeilen an seine Frau schreiben. In unserer Verlegenheit wegen des Essensgeruchs im Raum und vor lauter Respekt vor Stokowski gaben wir ihm einen ganzen Stoß. Mit dem Schwung eines Karikaturenzeichners warf er etwas hin, das aus lauter Violinschlüsseln zu bestehen schien, kuvertierte es und erklärte uns, das möge zu der Bandkopie gepackt werden, die er uns nach Amerika zu schicken bitte. – Hin- und hergerissen zwischen Sammlerleidenschaft und Diskretion trugen wir Mädchen den restlichen Stoß Papier später ans Licht, auf dessen oberste Blätter sich seine gewaltige Klaue durchgedrückt hatte, und entzifferten mit köstlich schlechtem Gewissen, was für Gloria Vanderbilt bestimmt war: »My dear, this is for you and the boys...«

Stokowski folgte dem Interviewer in eine gläserne Kabine, und ich folgte Stokowski. Ich griff mir rasch noch eine Mappe, um dienstlich auszusehen. Außerhalb der Kabine blieb ich stehen und schaute durchs Glas. Stokowski zog die Jacke aus und hing sie über die Stuhllehne. Er band den Schlips ab, öffnete die beiden obersten Hemdknöpfe. Dann besprach er sich mit dem Interviewer und legte die Partitur des kleinen Interviews fest. »Dann iisch werde sagen... Dann Sie werden fragen...« Er sprach ein slawisch gefärbtes Deutsch, aber es fehlten ihm kaum je Vokabeln.

Er war überaus höflich zu seinem Gegenüber, hörte aufmerksam zu, wenn dieser ihm etwas auseinandersetzte. Er hielt die gutgepolsterten, seltsam weißen Hände vor der Brust lose ineinandergelegt und senkte sie in graziös auffordernder Geste auf den Fragenden zu, wenn er diesem den Einsatz zum Reden gab.

Ich stand draußen vor dem Glas, hörte jedes Wort, sah jede Miene. Ich dachte an den alten Palazzo droben in Ravello, wo Stokowski mit Greta Garbo gelebt haben soll, an diese landläufige Vorstellung vom Gipfel irdischen Glücks: reich, berühmt, mit der schönsten Frau der Welt am schönsten Ort der Welt. Ich sah die Rosenbeete, die Zypressen, die altersbraunen Marmorstatuen und das tief unten glänzende Meer. Der Schauplatz für eine Romanze war gut gewählt, aber der Held paßte, wie mir schien, nicht dazu. War Greta Garbo eigentlich musikalisch? Vielleicht war das Ganze doch nur eine vom Kustoden ausgedachte Fremdenattraktion?

Die in der Glaskabine arbeiteten weiter. »Für miiisch«, sagte Stokowski sorgfältig, »der Gott der Musiiik ist Bach...« Das wirkliche Interview dauerte dann keine fünf Minuten. Sie hörten es miteinander ab: Stokowski nickte mit dem Kopf, und seine Hände machten kleine unwillkürliche Bewegungen, wie bei einem Hund, der träumt.

Dann stand er auf. Das Ganze schien ihn ebenso angestrengt zu haben wie das Dirigieren von Strawinskys ›Sacre du printemps‹, in dem es so wüst zugeht. Er wischte sich die Stirn. Er fing an, sich überall höflich zu verabschieden.

Potentaten dürfen Künstler zum Dank für genossene musikalische Freuden umarmen, gewöhnliche Sterbliche nicht. Doch als der Interviewer nach dem heruntergefallenen Schlips suchte, half ich Stokowski ins Jackett. Dabei umarmte ich ihn ein ganz kleines bißchen und unbemerkt.

Eine Diva namens Maria

Es hieß, sie sei ein Naturphänomen. Naturphänomene interessieren mich. Ich wollte immer schon den Grand Canyon sehen. Ich wollte auch die Sängerin hören, die mit vollem Namen Maria Kalogeropoulos hieß. Einmal hatte ich Glück und bekam eine Karte für einen Konzertabend ihrer Glanzarien (Carmen, Tosca, Eboli, Lady Macbeth). Aber bei der Ausstattung des Konzertsaales wurde ich unsicher. Die tausend roten Nelken, die ebenso roten von der Empore hängenden Teppiche, die Scheinwerfer, welche die Diva aus dem Dunkel heraushoben, gaben der Veranstaltung etwas Zirkushaftes. Später begriff ich, daß das Brimborium der Sängerin die Bühne, ihr eigentliches Element, ersetzen mußte. Sie brauchte es, um sich einen Augenblick lang in Trance zu versetzen, um sich in die Gestalt zu verwandeln, die sie darstellte.

Sie trat still, beinahe geisterhaft auf. Kein Foto in den Illustrierten hatte verraten, wie schön sie war, wie ausdrucksvoll die Hände, die eine Stola fröstelnd vor dem beängstigend mageren Körper zusammenrafften. Sie schien nicht geschminkt und war totenblaß.

Die ersten Töne kamen gepreßt wie von innerer Erregung. Just als ein Ketzer denken mochte: »Na, wenn das alles ist«, hob sie gewissermaßen ab und zeigte, was sie einzig machte und sie über andere Stimmwunder und Kehlkopfartistinnen hinaushob: die völlige Identifizierung mit der Rolle. Das Wort von der singenden Duse traf zu. Die düster-melancholischen Gestalten lagen ihr wohl mehr als die sinnlich-koketten. Bei der Arie der Lady Macbeth glaubte man die Blutflecken auf dem Podium tatsächlich zu sehen, und bei der Carmen fragte ich mich, woher der gute José überhaupt den Mut nahm, mit diesem Höllenwesen auch nur vorübergehend anzubandeln.

Neben mir putzte sich ein Herr die vor Ergriffenheit spitz gewordene Nase und äußerte: »Herrgott noch mal, hat das Luder was drauf!« – ein in seiner Rauheit überzeugendes Lob. Die Musikexperten versuchten während der Pause das eben erlebte Wunder mit Fachausdrücken wie »Kunstintelligenz«, »perfekte Phrasierung« und »figurale Intuition« zu zerlegen.

Im zweiten Teil des Konzerts interessierte es niemand mehr, wieviel an ihrem somnambulen Aufs-Podium-Wandeln Pose war. Diejenigen, die wußten, wie schlecht sie sah, fürchteten, sie könnte in ihrer Entrücktheit im Orchestergraben verschwinden. (Ihr Lehrer Tullio Serafin habe sie gelehrt, sagte sie, »eine Phrase vorzubereiten, ehe ich sie singe. Sie muß im Inneren entstehen, und das Publikum muß sie in meinem Gesicht sehen, dann erst singe ich sie. Musik ist die höchste Form, in der sich etwas sagen läßt.«) Uns sang sie eine Medea, ein herrisches, rachsüchtiges Monstrum, vor dem sich einem die Haare sträubten. Der Schlußbeifall hatte etwas von Hysterie und Fußballstadion. Es mögen manche unter den Brüllenden gewesen sein, die ursprünglich gekommen waren, um ihr am Zeuge zu flicken. Sie dankte erschöpft und graziös. Zu einer Zugabe war sie nicht zu bewegen. Es hieß, sie hätte das immer so gehalten.

Unter denen, die das nicht als Primadonnenlaune abtaten und nachdrücklich beteuerten, die Sängerin müsse überall und immer an die Schonung ihrer Stimme und Gesundheit denken – sie verausgabe sich völlig –, war Frau Evangelia Kalogeropoulos. Sie hat ein Buch über die Tochter geschrieben. Dieses Buch ist weder Anklage noch Verteidigung, es ist konventionell und schlicht, fast etwas primitiv. Man spürt, wie wohl es der Frau tut, sich die unverlierbaren Dinge vor Augen zu führen, die sie mit dem seit sechzehn Jahren unerreichbaren und verstockten Kind einmal verbunden haben: die Erinnerungen.

Maria Kalogeropoulos ist weder in den Slums noch in einem »verrufenen Viertel« geboren, obwohl das den Journalisten lieber wäre. Die mütterliche Familie war reich, besaß Ölberge und Obstgärten, hatte hohe Offiziere hervorgebracht, war musikalisch und sprachbegabt. Die Mutter heiratete mit siebzehn, die Ehe war nicht glücklich. Seekrank und ständig in Tränen über den Tod ihres geliebten dreijährigen Sohnes Vasily, inbrünstig hoffend, das nun erwartete Kind sei wiederum ein Sohn, fuhr sie mit der sechsjährigen Jakinthy, genannt Jackie, nach Amerika. Am 4. Dezember 1923, während eines fürchterlichen Schneesturms brachte sie in einer Klinik der 5. Avenue das Kind zur Welt, das zu ihrer Enttäuschung eine Tochter war, stillte es ein volles Jahr lang. Das Baby war musterhaft brav, schrie niemals. Mit fünf kam die kleine Maria beim Überqueren der Straße unter ein Auto und wurde mitgeschleift. Sie lag zweiundzwanzig Tage in tiefer Bewußtlosigkeit infolge Schock und Gehirnerschütterung. Sie kam durch, blieb aber quengelig und eigenwillig. »Manchmal mogelte sie auch, dann bekam sie Pfeffer auf die Lippen.« Mit acht Jahren fing sie an zu singen und sich auf dem Pianola zu begleiten, auf dem Jackie, ebenfalls mit schöner Stimme begabt, unterrichtet wurde. Marias Stimme hatte von Anfang an erstaun-

liches Volumen. In einer Rundfunksendung gewann sie eine kostbare Uhr. Es berührte sie weiter nicht, sie wollte Zahnärztin werden. Die Mutter, von allen Seiten auf Marias Stimme aufmerksam gemacht, sparte sich vom Wirtschaftsgeld Gesangsstunden für sie ab. Während der Depression verlor der Vater seine Stellung, reiste in Pharmazeutica (er war Apotheker), blieb monatelang fort. Die Ehe der Eltern war praktisch zu Ende. Frau Kalogeropoulos, die sich wegen der Unaussprechbarkeit ihres Namens Callas nannte, mit den Töchtern aber immer nur griechisch sprach, beschloß 1937 nach Griechenland zu fahren. (Auch Homer war Grieche und fabulierte gern und gut: Frau Evangelia behauptet, ihr toter Vater sei ihr erschienen und habe ihr befohlen, mit den beiden Mädchen nach Athen heimzukehren.)
Maria hatte den kindlichen Fohlenspeck, Pickel im Gesicht, Simpelfransen hingen ihr in die Stirn, und sie trug eine Brille. Die Mutter behauptet dennoch, sie sei keineswegs ein häßliches Entlein gewesen. Bei der Überfahrt bat der Kapitän das Pummelchen mit der schönen Stimme, doch für ihn und die Schiffsoffiziere etwas zu singen. Sie sang Carmen und bei »Wenn ich dich liebe, nimm dich in acht«, zog sie eine Nelke aus der Vase und warf sie dem Kapitän zu, der sie an die Lippen

drückte. Sie war dreizehn Jahre alt und trug ein blaues Baumwollkleid mit sorgfältig gebügeltem weißen Kragen. Hat der Kapitän die Nelke behalten?

In Athen hatten Mutter und Töchter wenig Geld, schon damals schickte der Vater nicht den ausgemachten Unterhalt, doch war es keineswegs »ein Keller«, in dem sie hausten. Jeder hatte sein eigenes Zimmer, die Mädchen je ein Klavier. Man ernährte sich mühselig vom Schwarzen Markt. Maria war recht gut bei Appetit und machte sich als Nachtisch nach ausreichender Mahlzeit immer noch kleine Extragerichte aus Eiern und griechischem Käse.

Ein Onkel bestand darauf, daß sie der Musiklehrerin Trivella vorsang, die danach ausrief: »Donnerwetter, das ist ein Talent!« Die Vierzehnjährige wurde zur Sechzehnjährigen umgemogelt, um das Stipendium ans Konservatorium zu bekommen. Der Plan, Zahnärztin zu werden, ging unter. Von nun an – so berichtet die Mutter in aller Unschuld – habe sie Maria oft gesagt, daß sie einst eine weltberühmte Künstlerin werden würde. Werden müsse? Später äußerte die Callas »Man darf kein Kind zum Wunderkind machen, die Freuden der Kindheit sind dann für immer dahin«. Ist das ein direkter Vorwurf gegen die Mutter? Jedenfalls entwickelte Maria wildesten

Ehrgeiz, arbeitete unermüdlich, stundenlang, war ihr eigener schärfster Kritiker. Sie kam nicht einmal mehr zum Essen, sondern blieb, den Teller auf dem Schoß, am Klavier. Sie lernte eine Opernrolle in einer einzigen Nacht. Sie hatte Eifersuchtsanwandlungen gegen begabte Mitschülerinnen. Sie war nicht beliebt.

Mit fünfzehn debütierte sie als Santuzza in ›Cavalleria rusticana‹ und hatte großen Erfolg. Es kam der Krieg, vom Vater aus Amerika hörte man nichts mehr, viele Griechen hungerten, es fielen Bomben. Im Luftschutzkeller mußten sich alle drei Damen Callas jedesmal vor Angst übergeben. Italiener durchsuchten das Haus (man hatte zwei englische Offiziere in einer Kammer versteckt). Maria bezauberte die Angehörigen der sangesfreudigsten Nation durch eine selbstbegleitete Tosca dermaßen, daß sie nicht weitersuchten, wohl aber ihre Armeerationen ins Haus brachten. Man trug von der Mutter selbst gestrickte grobe Strümpfe, Holzsandalen mit Sohlen aus Autoreifen. Die Mutter, allzu gastfrei wie viele Griechen, verschenkte die endlich eintreffenden CARE-Pakete zum Teil. Maria, die von der einseitigen Ernährung allergische Ausschläge bekam und die Lebensmittel wirklich gebraucht hätte, war böse und schalt die Mutter wegen »dieser Dummheiten«. Zum erstenmal taucht in den Erinnerungen der Mutter der Seufzer auf »Alle großen Künstler sind Egoisten«. Schon begannen Freunde und Bekannte die gewissen gezielt-optimistischen Bemerkungen zu machen: »Die Maria wird bestimmt berühmt. Sie werden noch mal von goldenem Löffel essen, Frau Callas!« Wie oft hat sie das der Tochter vorgebetet? Zu oft?

Jackies musikalische Ausbildung geriet ins Hintertreffen. Die Hoffnungen der Familie häuften sich auf Maria. »Hart muß man sein, hart und unerbittlich«, sagte das junge Ding schon damals. Eine erkrankte Kollegin wollte nicht, daß Maria für sie einsprang, und schickte ihren Ehemann, um sie am Betreten des Theaters zu hindern. Maria zerkratzte ihm das Gesicht und trug ein blaues Auge davon, trat aber samt blauem Auge abends als Tosca auf. Ihre hohen Töne waren manchmal schrill, sie machte sich darüber nichts vor. Sie arbeitete weiter. Sie dachte an nichts anderes. Man hat ihr nachträglich Liebesgeschichten angedichtet. Die Mutter, die endlose Stunden in staubigen, schlechtbeleuchteten Garderoben auf sie wartete und sie überallhin begleitete wie ein Schatten, weist sie empört zurück.

Just um die Zeit, als sich die reiche Oliven-Verwandtschaft mit dem Gedanken vertraut zu machen begann, aus dem »kurzsichtigen, fetten Mädel« könne doch mal eine gute Sängerin werden, entwickelte Maria ihre ersten Star-Allüren. Es wurde ihr »körperlich übel, wenn jemand mehr Vorhänge hatte als sie«, sie »drängte sich überall in den Mittelpunkt«. Um ihre durch Geburt erworbene amerikanische Staatsangehörigkeit nicht zu verlieren, fuhr sie 1946 nach drüben. War sie das ewige Beschattetwerden durch die Familie leid? In New York zerstritt sie sich mit dem Vater, zog ins Hotel. Sie fühlte sich bitter allein. Sie lieh sich Geld, schickte es der Mutter und ließ sie nachkommen: eine der schönsten Erinnerungen Frau Evangelias, die sie zärtlich hegt. Frau Callas fand sie zu fett, ließ sie Diät essen, nähte ihre Kleider um, als sie abnahm. Viel später erst las die Mutter, Maria habe just um diese Zeit gebeten, in der Metropolitan Opera ohne Gage die Aida singen zu dürfen, und als man es ablehnte, erwidert: »Eines Tages werde ich wiederkommen, und dann wird's teuer!« Sie mißtraute Pressegeschichten dieser Art grundsätzlich und aus trüben Erfahrungen. Der Agent Bagarozy verpflichtete Maria für seine Opera Company, die aber noch vor der ersten Aufführung pleite ging. Da rief Zenatello Maria nach Italien zurück. Sie sollte in der Freilichtoper von Verona die ›Gioconda‹ singen. Zum ersten Mal hatte sie solches Lampenfieber, daß sie »zitterte wie Espenlaub«. An diesem Abend lernte sie zwei Herren aus Verona kennen, die in ihrem Leben eine entscheidende Rolle spielen sollten: Tullio Serafin, den Dirigenten, und Giovanni Battista Meneghini, einen Ziegelei-Millionär. Die beiden schufen sie zu *der* Callas um. Meneghini verliebte sich Knall und Fall in sie. Er gab sein Alter mit 53 an: die Mutter meint, er sei schon damals älter gewesen. Große erotische Anziehungskraft kann er nicht gehabt haben, denn Maria fragte in ihren Briefen an die Mutter wiederholt »Soll ich ihn nehmen?« und zögerte volle zwei Jahre lang, trotz des Zuredens von zu Hause. Meneghini ließ sie vier Jahre lang bei Tullio Serafin ausbilden, dessen kluge Lehren Maria »aufsaugte wie ein Schwamm«. Die Legende, sie sei durch die Geborgenheit bei Meneghini oder durch die Liebe zu ihm mit einem Schlage schön, schlank und glücklich geworden, ist hübsch, aber unwahr. (Die Geschichte vom verschluckten Bandwurm wird allen berühmten Schlankgewordenen angedichtet und stimmt ebensowenig.) Sie war schon längst verheiratet, da hieß es noch immer hie und da: »Wen haben wir denn als Tosca, doch nicht schon wieder die dicke Callas?« Doch schon wurden verstaubte, weil unsingbare alte Opern ausgegraben, die ›Norma‹, die ›Medea‹. Die Callas macht's, lautete die Parole. Die Callas machte auch anderes: Sie zahlte ihren früheren Agenten nicht, dem sie Tausende schuldete, sie wollte einen sterbenden Freund, der ihr Gutes erwiesen, nicht besuchen. Doch sie ließ die Mutter nach Mexiko kommen, um an einem ihrer großen Erfolge teilzunehmen. Frau Evangelia freute sich kindlich an all den Blumen, dem Rausch des Gefeiertwerdens (»es macht Spaß, Königinmutter zu sein«), doch sie fand eine fremde Maria vor: kalt, gertenschlank (sie hatte insgesamt sechzig Pfund abgenommen), abwesend, beinahe herablassend, die mit einem »Ich bin kein Kind mehr, Mutter« Zärtlichkeiten zurückwies. Nur zu gern machte die Mutter ihr wie einst in den schlimmen Anfangszeiten die Garderobiere, wusch im Hotelbadezimmer die von Aida-Schminke dunkel gewordenen Wäschestükke. Maria kaufte ihr einen kostbaren Pelzmantel, dann rief ein Kontrakt sie nach Spanien. Am Flugplatz bekam sie einen Wutanfall, weil man sie Übergepäck zahlen ließ (»Maria gab immer so ungern Geld aus«, entschuldigt die Mutter); winkte durchs Fenster der stehenden Maschine und war fort. Die Mutter sollte sie nicht wiedersehen.

Zugleich mit dem Weltruhm senkte sich etwas Eisiges und Unheimliches über die Callas, als habe der vorerwähnte Dämon ihr für die Gabe, Tausende zu Tränen der Begeisterung hinzureißen, alle menschlichen Seiten genommen. Sie trennte sich von Meneghini, den sie eben noch als »ihr ganzes Glück« bezeichnet hatte, weil er »ihre künstlerischen Belange nicht gut genug wahrgenommen und durch seine exorbitanten Forderungen sie mit verschiedenen Direktionen entzweit habe«. Sie verweigerte der einst geliebten Schwester Jackie die erbetene Hilfe und schrieb auf undatiertem, herausgerissenem Zettel: »Ich will nichts mehr mit euch zu tun haben. Wenn du kein Geld verdienen kannst, dann ersäuf dich im Fluß.« Kurz danach sperrte sie auch der Mutter die hundert Dollar im Monat. »Ich kann dir nichts geben. Geld wächst nicht im Garten wie Blumen, ich muß es mir mühsam ersingen. Du bist jung (54) und kannst arbeiten, wenn nicht, spring aus dem Fenster.«

Die völlig verstörte Mutter schrieb unzählige Male zurück, bat um Erklärungen. Es kam keine Antwort mehr. 1954 ließ die Callas durch einen entfernten Verwandten ausrichten, die Mutter möge nicht mehr schreiben, sie bekäme doch keine Antwort. Sie war damals auf dem Gipfel ihrer Triumphe, gehörte zum Ensemble der Mailänder Scala, hatte über ihre einzige wirkliche Konkurrenz Renata Tebaldi gesiegt. Nun sie die Macht hatte, nutzte sie sie aus, trieb Direktoren bis zum Selbstmord, paßte ihr etwas nicht in den Kram, so »sang sie nicht«, die erpresserischste Drohung, solange für Eintrittskarten Phantasiepreise bezahlt wurden. Sie schob alles aus dem Weg, was sie weich stimmen konnte. Gehörten die Jugenderinnerungen, gehörte die Mutter dazu? Sie wurde zum beneideten Wunschbild aller, die hoch hinauswollten, eine archaische Figur, eine böse Ilsebill, die immer noch mehr wollte und nie zufrieden war, auch nicht mit sich selbst und ihren Leistungen.

Zunächst begriff die Mutter nicht, daß sie mit dem »kalten Vulkan« nur mehr den Familiennamen gemein hatte, ja daß im Grunde die kleine dicke, vergnügte Maria ihr genauso gestorben war wie einst der kleine Vasily.

Ein einziges Mal noch, nach einer herzbewegenden Fernsehsendung der Tochter, versuchte Frau Callas, durch Vermittlung von Freunden Verbindung mit ihr aufzunehmen. »Meine Mutter ist geisteskrank«, sagte der Star am Telephon und hing ein, um am Abend die Kunstverständigen und Schönheitsdurstigen zu beschenken. Sind die vielen Dinge, die nur eine Mutter wissen konnte, falsch? Hat ein Ghostwriter sie ihr abgelistet und die Glanzlichter an die falsche Stelle gesetzt?

Die letzten Jahre im Leben der großen Diva sollen anders gewesen sein, stiller. Mutter und Schwester erhielten regelmäßig Schecks, wenn auch ohne begleitendes Wort. Hat sich die Unvergleichliche vor ihrem Tode noch einmal in die kleine Maria Kalogeropoulos zurückverwandelt? Es ist für den Schluß des Märchens nicht mehr wichtig.

Eine Dichterehe 1836

Manche Leute lernt man auf ungewöhnliche Weise kennen. Dem Ehepaar William Makepeace Thackeray und Frau Isabella geborener Shaw begegnete ich in einem englischen Familienblatt, in das mein Salat eingewickelt war. Über den Küchenherd gelehnt, las ich, daß die beiden am 20. August 1836 geheiratet hatten, nach schweren Kämpfen. Isabella, die Rothaarige mit der musikalischen Stimme, hatte eine fürchterliche Mutter, die alte Mrs. Shaw, die ständig an ihr herumkritisierte und sie tyrannisierte. Der Verehrer ihrer Tochter, »dieser Zeitungsschmierer«, paßte ihr nicht, sie verlangte seine Liebesbriefe zu lesen, die folgsame Tochter gab sie ihr sogar. Nach der Lektüre stand sie nicht an, ihren künftigen Schwiegersohn als »ebenso unverschämt wie lasziv« zu bezeichnen. Nach Monaten berichtete William Thackeray einem Freund, »die Treue ihrer Herzen habe den alten Drachen besiegt«, und zeigte ihm einen herrlichen Ring, der Isabella »fürs Leben an ihn binden« sollte. Der Freund erschrak: Es war ein Brillant zwischen zwei Opalen in schwarzer Emailfassung, ein Trauerring. Er wagte nichts zu sagen, William hatte eine eurasische

Großmutter, genierte sich wegen des »dunklen Blutstropfens« in seiner Erbmasse und hatte womöglich den Aberglauben von ihr geerbt.

Das erste Ehejahr des fünfundzwanzigjährigen Schriftstellers verlief glücklich. Es wurde ihm eine Tochter geboren, Ann, nach einem weiteren Jahr die kleine Jane. Kurz nach ihrer Geburt schrieb er von einer Reise an seine Frau: »Nun sind wir schon zwei Jahre verheiratet und noch immer so glücklich, daß ich fast vor der Zukunft zittere.« Die schlimme Schwiegermutter saß in ihrem Häuschen in Irland und behauptete, daß »man sie auf gemeinste Weise von ihrer geliebten Tochter fernhielt«. Thackeray, der ihr schlechtgelauntes Dazwischenreden und ihren Einfluß auf seine Frau fürchtete, schob die längst fällige Einladung immer wieder aufs taktvollste hinaus. Er wollte seine Ruhe.

Im März 1838 starb das Töchterchen Jane. Der Tod dieses Kindes, das noch nicht hatte laufen können, hatte unerwartete Folgen. Die rosige Brille, durch die Thackeray seine Ehe und die Welt betrachtet hatte, fiel ab. Plötzlich gab er zu, daß er beruflich schwere Nackenschläge hinzunehmen habe (»Ich wünschte mir meine Kleine nicht in dies Leben voller schmerzlicher Bitternisse zurück«); er bemerkte ferner, daß Isabella ihm weder eine gute Hausfrau noch eine Kameradin in der Arbeit war. In die Briefe, die er während seiner häufigen beruflichen Reisen nach Hause schrieb, schlich sich lauwarme Gelangweiltheit, die scharf vom früheren leidenschaftlichen Überschwang absticht. Das spannungsvolle Verhältnis zu der bösartigen Schwiegermutter jedoch zeitigte Positives: Ihr wollte er zeigen, daß er ein Kerl war. Ein Plan löste den anderen ab; bekam er einen Artikel von den Zeitungen zurück, schrieb er zwei neue. Er arbeitete fieberhaft. Seine geheime Befürchtung, nichts zu taugen, ein ständiges Sichbeweisenwollen trieb ihn zu hektischem Eifer.

Im labilen Gemüt der sanften Isabella richtete der Tod des Kindes geradezu Verheerungen an. Sie bildete sich ein, sie sei nicht nur keine Frau für einen Dichter, den sie so gern berühmt gesehen hätte, sondern nicht einmal imstande, ein Kind großzuziehen. Alles Glück war nur geliehen, sie hatte es immer gewußt. Während ihrer dritten Schwangerschaft, die ihr hätte Trost bedeuten sollen, verfiel sie in depressive Zustände. Nach der Geburt ihrer Tochter Harriet schrieb sie: »Ich bin immerzu aufgeregt und dabei ohne jede Kraft. Mein Kopf scheint mir oft davonzufliegen wie ein Ballon.«

William war nun selten zu Hause. Bei der verschreckten, vor sich hinbrütenden jungen Frau fand er das nötige Arbeitsklima nicht. Zu Kollegen sagte er: »Ich brauche eine Menge Ablenkung und ein gewisses Quantum Portwein, wenn ich schreiben soll.« Er war gerade auf dem Kontinent unterwegs, um einen Reiseführer für Belgien und Holland zusammenzustellen, als er den Auftrag erhielt, einen solchen über Irland zu schreiben. Mit dem beachtlichen Vorschuß von hundert Pfund reiste er heim, voller Pläne und Zukunftshoffnungen. Erst mitten in seinem begeisterten Bericht merkte er, daß ihm seine Isabella überhaupt nicht zuhörte. Sie war abwesend und verstummt.

Ihr fehle sicher nur Luftveränderung, entschied Thackeray kurzerhand und reiste mit ihr nach Margate ans Meer. Es gefiel ihm gut dort, er blickte in die Wellen und rief aus: »Die Welt ist nicht annähernd so übel, wie manche Leute uns glauben machen wollen.« Isabella blieb melancholisch, litt unter Beängstigungen, bildete sich ein, daß niemand sie liebe oder auch nur achte, daß selbst ihr hochbegabter Mann sich von ihr abzuwenden beginne. Ausgerechnet jetzt drohte auch noch die Schwiegermutter, sich aufs Schiff zu setzen und nach England zu segeln, wenn sie auf ihre vielen Briefe an die Tochter nicht befriedigende Antwort bekäme. William, der das »bestellte amüsante Buch« schreiben mußte und wußte, daß im winzigen Häuschen der Schwiegermutter nur ein Bett frei war, das für Isabella, schrieb der Alten, sie seien bereits auf dem Weg zu ihr.

Die Seereise nach Cork, das herannahende Wiedersehen mit der Mutter, die sie von klein auf geduckt, gemaßregelt und unfähig gescholten hatte, verschlimmerten Isabellas Gemütszustand auf das erschreckendste. In einem unbeobachteten Augenblick sprang sie über Bord, wurde aufgefischt, versuchte unmittelbar danach erneut, sich das Leben zu nehmen. Thackeray band sie schließlich mit einem Seil um die Taille an seinem eigenen Körper fest und legte sich zu ihr in die Koje, um bei der leisesten Bewegung von ihr sofort geweckt zu werden.

Mrs. Shaw erwartete sie am Pier. Kaum hatte sie die Tochter erblickt, als sie auch schon in eine Flut von Verwünschungen gegen Thackeray ausbrach: Er und seine Mutter hätten Isabella zum Wahnsinn getrieben. William mußte seine Frau bei ihr lassen und trat seine Reise durch Irland an. Kaum war er allein, so faßte er neuen Mut. Das Übelbefinden Isabellas sei »nur eine Art Vapeurs«, meinte er. Er nahm sich vor, »künftig mehr zu Hause zu bleiben und seine Pflichten am heimischen Herd ebenso zu tun wie am Schreibtisch«.

Es war zu spät. Seine Frau kehrte nie mehr zu ihm und den zwei kleinen Mädchen zurück. Sie lebte in Irland in ihrer eigenen, phantastischen Welt und beantwortete keine Frage mehr. Später wurde sie in eine Heilanstalt gebracht.

Thackeray fuhr nach London zurück und arbeitete wie besessen. Zum ersten Mal schrieb er nicht nur Zeitungsartikel, sondern einen umfangreichen Roman, dessen Heldin, wie auch die aller folgenden Werke, Isabella war, eine von ihren Unzulänglichkeiten gereinigte, ins Zauberische verklärte Isabella. Der Roman hatte sofort Erfolg. Thackeray wurde berühmt. Auf Fragen seiner Bewunderer sagte er einmal, die tragende Gestalt all seiner Arbeiten sei »seine arme kleine Frau, die er über alles in der Welt geliebt habe«, und die abscheuliche Mrs. Mackenzie in ›The Newcomes‹ seine Schwiegermutter, die noch immer lebe. Isabella erfuhr nichts vom Ruhm ihres Mannes. Sie starb umnachtet, dreißig Jahre nach seinem Tode, in den Armen ihrer Ältesten.

Mirko oder das Allerwichtigste

Nach ihrer ersten, nicht recht geglückten Ehe heiratete meine Cousine einen Prager Arzt, der bald darauf seine Praxis aufgab und sich dem schwiegerelterlichen Textilunternehmen widmete. Man hörte, daß er dort manches aus einem Dornröschenschlaf erwecke, neu organisiere, äußerst tüchtig sei; daß er außerdem während seiner Junggesellenzeit alles andere als ein Klosterleben geführt habe.

Als Backfisch lernte ich ihn kennen, einen eleganten Mann mit schmaler Nase, glitzerndem Blick und dem liebenswürdigen Wesen des gebürtigen Österreichers. Er hieß Mirko und flirtete mit Mama, mit der Köchin, mit mir, mit jedem weiblichen Wesen in Reichweite. Keiner seiner Scherze war dumm, manche waren gewagt und für Jugendliche nicht recht geeignet. Er rauchte viel und hatte einen Sprachfehler, den als Stottern zu bezeichnen schon übertrieben gewesen wäre: eine Ladehemmung vor bestimmten Konsonanten, die in seine rasche Redeweise eine Zäsur brachte, ja manchmal vor einer Pointe geradezu um erhöhte Aufmerksamkeit warb.

Später besuchte ich ihn und seine Familie. Die

Atmosphäre war gänzlich unspießig, liberal und heiter. Er umgab die Cousine und ihre beiden Töchter aus erster Ehe mit ritterlicher Aufmerksamkeit. »Ihr gehört mir, weil ich eure Mutter liebe«, hatte er zu den Mädeln gesagt, »ich werde niemals andere Kinder haben als euch«, und dabei war es geblieben.

Die Cousine, glücklich und gelöst, schien dennoch vor irgend etwas Angst zu haben, und ich kam erst spät darauf, daß es etwas Politisches war: Man schrieb 1938, und der Mirko hatte einen jüdischen Vater. Ein paar Verwandte schoben seine hervorstechendsten Eigenschaften auf diese Tatsache: seine Geschäftstüchtigkeit, seine rasche Intelligenz und seine Versiertheit in Liebesdingen. Bei ihm standen die Bücher Van de Veldes und die Erotica nicht, wie in anderen bürgerlichen Häusern, verborgen hinter Schillers ›Sämtlichen Werken‹, sondern vorn in der ersten Reihe. Sein vernichtendstes Urteil über die Reize einer Frau war ein rasch hingeworfenes: »Bitt' dich, die würd' mich höchstens auf dem Kopfkissen stören.« Er sagte, er gedenke nicht, seine Töchter einzusperren und zu prüden Tugendbeuteln heranzuziehen, mit denen später der Ehemann seine liebe Not habe. Wohl aber werde er den ersten Mann, in dessen Hände sie gerieten, nach Möglichkeit persönlich aussuchen, auf den komme es nämlich an.

Tanten beiderlei Geschlechts fielen in Ohnmacht, als dieses Bonmot die Runde machte.

Der politische Horizont verdüsterte sich auch in dem Land, in dem die Cousine wohnte. Ich war damals in Berlin, und Mirko kam des öfteren in Geschäften angereist. Weil sich seine Sprachhemmung beim Telephonieren stärker auswirkte, ließ er mich immer durch Hotelangestellte anrufen, was ihm das Geheimnisvolle eines incognito durchreisenden Potentaten gab. Die Abende wurden echte Feste, Mirko wußte, wie glücklich es eine Achtzehnjährige macht, wenn man sie für voll nimmt und sich ihr ganz zuwendet. Unter Alkohol- und Stimmungseinfluß geriet er manchmal ins Renommieren mit lange zurückliegenden Eroberungen. Er nannte niemals Namen, war nie indiskret. Aus seinen Berichten sprach eine der seltener erwähnten Tugenden Casanovas: die Dankbarkeit für genossene Freuden. Ich tat Blicke hinter die Kulissen der männlichen Welt, wie sie bürgerlich behüteten Backfischen sonst verwehrt sind, und lernte allerlei, für das man sonst hohes Lehrgeld zahlt. »Die Liebe ist nämlich das Wichtigste«, sagte Mirko eifrig-sachlich, als empfehle er mir eine Weinsorte. »Du brauchst gar nicht zu erröten. Freu dich, daß du sie noch vor dir hast.«

Von seinen privaten Sorgen sprach er nicht,

rauchte nur beständig; zwei Fingerspitzen seiner rechten Hand waren gelb von Nikotin, eine Ungehörigkeit bei dem sonst so gepflegten Mirko. Noch während er die eine Zigarette ausdrückte, griff er mit hochgezogenen Schultern in die Tasche nach dem Etui, musterte mich mit seinen hellen Augen und meinte scherzend: »Kind, ich sehe es ungern, daß du hier in Berlin vor lauter Tugend so allein lebst. Wenn das so weitergeht, wird's mit dir noch einmal eine Katastrophe!« Wir lachten und tranken. Wir tanzten, bis die Bar zumachte.

Bei seinem nächsten Berlinbesuch erzählte er, seine Frau und er seien übereingekommen, sich zum Schein zu trennen. Sie werde dann nicht »in das ganze Schlamassel« mit hineingezogen, und die Firma vermeide Schwierigkeiten. Es sei nur vorübergehend, lange könne das mit der braunen Pest ja nicht mehr dauern, aber es sei schade um jeden Tag. Er gehe für eine Weile zurück nach Prag, und da Briefe an die Cousine von Spitzelaugen belauert würden, bitte er mich, die Korrespondenz zwischen ihnen zu vermitteln.

Vieles wollte ich fragen, doch er schnitt mir sofort das Wort ab. »Mir geschieht nichts, lächerlich, reg dich bloß nicht künstlich auf!« Er kaufte der Blumenfrau einen ihrer halbtoten Sträuße ab und behandelte mich auch beim Abschiedskuß als

Erwachsene. Ehe das Taxi anfuhr, sagte er zum Fenster herein: »Also, es ist ausgemacht, wenn ich wiederkomm' und du bist noch immer nicht in festen Händen, verfällst du automatisch mir! Und vergiß bis dahin nicht, daß die Liebe das Allerwichtigste ist, hörst!«

Er und seine Frau schrieben sich häufig. Manchmal lag ein Zettel für mich in den zum Umkuvertieren bestimmten Briefen: Es gehe ihm gut, er habe es sich, wie man auf böhmisch sagt, »a bisserl gerichtet«. Die Cousine trage ihr bitteres und sinnloses Schicksal, sozusagen die Witwe eines Lebenden zu sein, mit bewundernswerter Standhaftigkeit. Sie würden sicherlich bald wieder vereint sein, die Nachrichten von den Fronten lauteten ja gottlob schlecht.

Man hörte dann wenig voneinander. Zu meiner Hochzeit kam auf geheimnisvollen Umwegen eine antike Uhr aus Prag. Sie stand. Vielleicht war das Werk beim Transport beschädigt worden. Wir schoben spaßeshalber die Zeiger auf die Stunde unserer Trauung. So stehen sie noch. Mirko schrieb: »Werdet so glücklich, wie wir es waren.« Auf die grammatikalische Form seines Wunsches achteten wir damals nicht.

Die Briefe beider blieben dann ganz aus. Von Dritten erfuhr ich, daß es ganz richtig so sei: Mirko sci unter fremden Namen untergetaucht, es gehe ihm gut, man solle nicht unnötig die Aufmerksamkeit auf ihn lenken. Ich sprach niemand von der Familie bis Mitte 1945.

Als die Postsperre sich hob, fiel mit der zeitlupenhaften Langsamkeit eines Alptraums die Wahrheit auf uns nieder. Mirko war ins Konzentrationslager gekommen, hatte in seiner Eigenschaft als Arzt und Mitmensch einen arbeitsunfähigen Häftling verteidigt, man hatte ihn dafür so schwer mißhandelt, daß er drei Tage später gestorben war – einen schweren und noblen Tod.

Die Cousine und ihre Töchter leben heute im Ausland. Sie haben nur wenige, bis zur Undeutlichkeit vergrößerte Amateuraufnahmen von Mirko. Er ließ sich sehr ungern photographieren.

Petra, ein Mädchen aus Norwegen

Petra war zahlender Gast bei uns, war klein und zierlich mit dem durchsichtigen Teint der Rothaarigen, man suchte unwillkürlich nach Sommersprossen bei ihr. Sie studierte Theaterwissenschaften. Ihr gebrochenes Deutsch klang possierlich, hübsch war sie auch. Vielerlei Studenten scharten sich um sie, wollten sie ausführen, unser Telephon war meist blockiert. Vom Charme ihrer nordischen Landsleute hielt sie wenig, ihr gefiel ein Münchner Medizinstudent, eine Skikanone mit den kantig vorspringenden Kiefern der Modezeichnungen. Mama sah die immer enger werdende Freundschaft mit Unruhe. Sie fühlte sich verantwortlich für Petra, deren Eltern so weit fort waren, und suchte sie auf andere sympathische Jünglinge hinzulenken. Der Mediziner gehöre zur SS und das sei, wie vielleicht für eine Norwegerin schwerer zu beurteilen, nichts Gutes. Ich war vierzehn, schwärmte Petra an und fand das schöne Mannsexemplar für sie äußerst angebracht. Lange Nachmittage verbrachten wir in Petras Zimmer bei Grammophonmusik, hörten ›Isn't it romantic?‹ und probierten in Gedanken so manches Film-Happy-End aus. Wir spürten nicht, daß unsere Zukunft schon über uns geworfen war wie ein Netz, wir schauten durch die zu weiten Maschen und meinten, nichts verstelle uns den Weg.

Meine Eltern gaben die Wohnung auf, wir zogen ins Ausland, Petra heiratete ihren Arzt und ließ sich in Wiesbaden nieder. Gelegentlich schrieb sie, nicht an uns, sondern an eine Mitstudentin, an die sie sich nach unserer Abreise enger angeschlossen hatte. Der Krieg brach aus. Petras Mann war bei der Waffen-SS und fiel. Sie blieb noch eine Zeit allein in Wiesbaden, merkte, daß ihr im Grunde dort alles fremd geblieben war, und wollte heim. Nach langem Petitionieren ließ man sie ins besetzte Norwegen. Was hätte gut werden sollen, wurde nicht gut. Ihre Familie nahm sie nur zur Not wieder auf, begegnete ihr mit eisigem Schweigen, mit Ablehnung. Ein Bruder gehörte dem Widerstand an, einer war dafür gefallen. Sie als Witwe eines deutschen SS-Mannes war odiös. Keine ihrer Tränen wurde getrocknet, sie durfte sie nicht einmal weinen. Nach heftigen Szenen zog sie allein in eine fremde Stadt. Ihre einstigen Freunde mieden sie. Nachts sprach sie mit sich selbst. Ihr Gesicht bekam einen kränklichen Perlmuttschimmer. In die Verteidigung gedrängt, sammelte sie, die sich nie um Politik gekümmert hatte, politische Artikel, schrieb sie ab, schrieb aus Büchern ab, was die Deutschen rechtfertigen konnte. Sie wirkte schrullig, verdächtig. Noch während sie versuchte, in ihrer Einsamkeit zu schwimmen wie in einem Wasser, das sie nicht trug, landeten die Alliierten in der Normandie. Im Wirrwarr des nahenden Kriegsendes suchte ein deutscher Soldat bei ihr Zuflucht. Woher er ihre Adresse hatte? Vielleicht war es ein früherer Kamerad ihres Mannes. Sie versteckte ihn. Bei ihr wurde er erwischt. Der Skandal war für die Familie untragbar. Um ihn einigermaßen zu vertuschen, brachte man Petra in eine Heilanstalt.

Zu uns drang das Gerücht, Petra habe nach dem Tode ihres Mannes ein Gemütsleiden entwickelt. Wir glaubten es, bedauerten Petra, taten sie ab wie andere Erinnerungen. Die Mitstudentin glaubte es nicht. Sie konnte damals zum erstenmal wieder aufatmen nach allen Verfolgungen des Dritten Reiches. Sie fand Zeit, sich um Petra Gedanken zu machen. Vielleicht verstand sie Freundschaft noch im ursprünglichen, im klassischen Sinn. Auf vielen mühevollen Wegen suchte sie Kontakt mit Norwegen, mit der Heilanstalt, mit Petra selbst, schrieb ihr, erhielt eine verhältnismäßig klare, aber nichtssagende Antwort. Sie beließ es nicht bei den ermutigenden Briefen, sie warf sich in den Strom von Schwierigkeiten wie Damon in Schillers ›Bürgschaft‹ und durchquerte ihn. Es dauerte lange, dann war sie in Norwegen und zur Besuchszeit im Anstaltsvorraum. Miteinander gingen die beiden hinaus in den Park. Petra war abgemagert, ihre Stirnhaut spannte sich angestrengt zu einem Lächeln, das mißlang. Sie freute sich über den Besuch, wie man sich über eine Melodie freut, die man vor langer Zeit gehört hat. Die beiden unterhielten sich, als hätten sie sich gestern zuletzt gesehen: das Opfer des Naziterrors und die Witwe des SS-Mannes. Was zwischen ihnen hindurchgeflossen war, wurde nicht berührt. Petra ermüdete rasch. Nach einigen Minuten allgemeiner Redensarten ging sie ins Haus und kam nicht wieder. Sie war nicht krank, aber auch nicht mehr gesund. Die Freundin nahm den Kampf auf, sprach mit dem Arzt, kehrte wochenlang an jedem Besuchstag wieder, fand Petra jedes Mal aufgeschlossener, zugänglicher. Sie reiste zur Familie. Die Verständigung war schwierig, auf Englisch ging es einigermaßen. Wütendes Bedauern über das, was man damals als einzig mögliche Lösung angesehen hatte, machte sie beredt, infolge der fremden Sprache, deren Nuancen sie nicht beherrschte, vielleicht sogar grob. Sieben Jahre seien vergangen. Wie sehr hätte man Petra gleich anfangs helfen können, indem man sie in die Gemeinschaft zurückzog. Wie sehr könne man ihr noch jetzt helfen. Die alten Eltern, bei denen der

Tod auch des zweiten Sohnes manches verändert und ausgeglichen hatte, ließen Petra heimkommen und den Haushalt führen. Vielleicht hatten sie insgeheim nur auf einen Anlaß gewartet.

Eines Tages besuchte Petra auch Deutschland, auch uns wieder, das rote Haar grau gesträhnt, sonst erschütternd unverändert. Als sie lachte, trat sie aus der Anonymität eines traurigen Falles heraus, wurde zu meiner Petra von einst und zugleich zur Chiffre für eine nicht erkannte, nicht erfüllte Aufgabe, an der meine Herzensträgheit vorübergegangen war. Meine Versuche, an die gemeinsame Jugend anzuknüpfen, gerieten beklommen. Sollte ich die schlimmen Jahre, die Petra isoliert verbracht hatte, aussparen? Wieviel von meinem derzeitigen Alltag war ihr geläufig oder interessierte sie?

Petra machte es mir leicht. Bei der ersten Nennung eines unbekannten Namens unterbrach sie mich. »Du mußt mir alles genau erklären«, sagte sie lächelnd, aber bestimmt, »ich bin nämlich noch nicht lange wieder in der Welt.«

Der Heini

Die Freundschaft zwischen dem Heini und meinem Bruder hat ein Leben völlig ungleicher Interessen überdauert. In der Schule saßen sie auf der gleichen Bank. Wenn der Heini die Geigenstunde schwänzen wollte, hinterlegte er seinen Geigenkasten bei uns in der Wohnung. Im umgekehrten Fall machte es mein Bruder ebenso. Einmal, als sie zwölf waren, lehnten sie verlegen am gleichen Heizkörper, als hätten sie etwas ausgefressen. Auf Befragen platzte der Heini heraus: »Der Herbert hat a Schwester kriegt!« Sie spielten dann konzentriert mit der Elektrisiermaschine, bis die Peinlichkeit meiner Geburt überwunden war.

Sie machten die gleichen Schulstreiche, später bei den gleichen hübschen Mädchen Fensterpromenade. Der Heini, ein Patriziersohn aus dem Schwäbischen, wuchs sich zu einem Athleten aus. In den Ferien stieg er in die Berge. Der legendäre Piz Palü, uns nur aus Filmen mit Leni Riefenstahl bekannt – der Heini war wirklich droben gewesen. Ich schlich mich in den Salon, um ihn erzählen zu hören, von Traversen und Überhang, von Seilschaft und Biwakschachtel. »Das war ja vielleicht was Wahnsinniges«, sagte er mit leuchtenden Augen. »Einer ist dem am Seil Nachfolgenden mit'm Steigeisen ins Gesicht getreten, hat irr geblutet, sechs Stunden hammer braucht bis zur nächsten Hütte.«

Nach dem Abitur ging der Herbert auf die Technische Hochschule und blieb nebenbei bei der Musik. Der Heini studierte Medizin und vertauschte den Geigenbogen endgültig mit dem Skalpell. Er wollte Chirurg werden. Als er das nächste Mal im Salon saß, war er schon Schüler des berühmten Professor Lexer. Ich schlich mich wieder dazu und hörte zu, wenn er begeistert erzählte, was und wie man heutzutage schon alles reparieren konnte, mit Schneid, mit Geschick, mit Gottvertrauen. »Verstehst, die Muskeln einfach wieder angenäht... der Mann läuft heute rum!« war die befriedigende Schlußpointe. Wieder, wie einst beim Bericht vom Übernachten in der Wand (»... bei Sonnenaufgang is' dann losgangen mit'm Steinschlag, da hast fei den Kopf einziehn dürfen...«), gab er mir das tröstliche Gefühl, der Mensch sei nicht, wie es in der Bibel heißt, »ein schwaches Gefäß und ermangle des Ruhms«, sondern ein recht zäher Brocken, dem man allerhand zumuten könne.

Später operierte der Heini in einem Krankenhaus im Gebirge. Wenn er zu uns kam, berichtete er davon, was die Skifahrer alles so anrichten mit ihren Bretteln und Stöcken: an sich, an den anderen. Von einem allzu schneidigen As erzählte der Heini ohne Vorwurf: »Wir ham ihn wieder zammg'flickt. Wie ich ihn neulich treff', wollte er schon wieder dreimal hintereinander die Roßgasse runterrutschen. Ich hab' ihm g'sagt, er soll's uns schriftlich geben, daß wir ihn heil entlassen haben.«

An seinen freien Tagen stand er vor der Morgendämmerung auf und stieg in die Berge, manchmal mit Führer und Laterne. Aus seinen kargen Berichten erstanden Sonnenaufgänge von überirdischer Pracht, der gleißende Dunst der Gipfel, die bläulich saugende Tiefe und Ferne. »Bärig war's«, sagte er und setzte hinzu: »Hundsmüd war man halt am nächsten Tag.«

Im Krieg wurde der Heini als Arzt eingezogen. Er stand irgendwo in Wolhynien oder am Kubanbrückenkopf. Er stand in des Wortes eigenster Bedeutung. Jedes Hinsetzen und Ausruhen war zum Luxus geworden. In Zelten, deren im Wind wabernde Wände von Fliegen bedeckt waren, in Schulzimmern, in ehemaligen Kirchen operierte er. Seine Instrumente wurden über Spirituskochern ausgekocht, oft kam er dreißig Stunden lang nicht aus den Kleidern. Wenn er erst einmal lag, war er kaum wieder zu erwecken. Einmal schlug eine Granate neben dem Tisch ein, auf dem der Verwundete, mit Tüchern abgedeckt, bereitlag. Mörtel und Mauerbrocken flogen herum, die von einem Akku gespeiste Lampe ging aus. »Ja mei, wir haben halt den Patienten wieder ausgegraben, a bissl abgestaubt und weiteroperiert. Im Krieg ist es manchmal nix mit der Asepsis.« Meine mit Spannung erwartete Schlußpointe blieb nicht aus. »Der Mann läuft heut rum. Er hat einen Frisiersalon.«

Nach dem Krieg kam der Heini ins Gefangenenlager. Dort fehlten ihm die Berge und die Chirurgie. Ein Mithäftling hatte ein harmloses Überbein am Handwurzelknochen. »Komm, sei net fad, laß dir's von mir wegoperieren«, bat er ihn. »Du spürst garantiert nix. Komm, ich schenk' dir meine Zigarettenration.«

Heute sehen wir ihn selten, aber wir fahren mehrere hundert Kilometer in seine Praxis, wenn wir einen Verdacht auf Meniskusriß oder Gallenstein oder sonst etwas Lohnendes haben. In Heinis intensivblauem Blick ist das Schneidige etwas verblichen, dafür tritt das Gütige stärker hervor. Er lacht mit dem gleichen Raubtiergebiß, er kraxelt auch noch ins Gebirge, aber er schimpft, er habe keine Kondition mehr. Sonst ist er der alte. Neulich operierte er eine 82jährige am Blinddarm. Sie war schwerhörig. »Sie müssen ein paar Tage schön ruhig liegen«, schrie er ihr ins Ohr,

»wir haben eine Kleinigkeit gerichtet und ein Leukoplast draufgemacht.« Nach einer Woche ließ er sie zu Fuß heimgehen. »Wenn ich der alten Dame sag', daß sie mit ihren zweiundachtzig Jahren eine Bauchoperation durchgemacht hat, kriegt sie Zuständ'! So geht's ihr prächtig.«

Ein Millionär

Als die Inflation ihrem Höhepunkt zusteuerte, trat in die Unterprima des Pädagogiums in Godesberg ein junger Mann ein, naturwissenschaftlich abnorm begabt, bei Aufsätzen über Schillers ›Braut von Messina‹ hoffnungslos. Er hieß Lothar, spielte ausgezeichnet Klavier, machte sich damit in den umliegenden Mädchenpensionaten beliebt, kletterte nachts an der Regenrinne der Schule hinunter und tauchte am Ort seiner Erfolge auf, diesmal um das Honorar zu kassieren. Bei der morgendlichen Andacht spielte er die Orgel und wußte listig die jeweiligen Modeschlager dabei zu paraphrasieren. Um ihm das Fachabitur in Mathematik und Physik abzunehmen, mußten, da die Lehrer ihm nicht gewachsen waren, Universitätsprofessoren herangezogen werden.

Er studierte zunächst Musik, verdiente sich das Geld dazu als Pianist beim Kölnischen Rundfunk, fand dann, daß die Physik doch die Königin der Wissenschaften sei, wurde Assistent eines berühmten Professors, promovierte mit Glanz. Mit einem Studienkollegen zusammen eröffnete er eine Werkstätte für Meßgeräte in einer Mietwohnung in München. Von dort, meinten die beiden,

komme man notfalls mit dem Fahrrad ins Gebirge zum Skifahren, denn viel verdienen würden sie wohl nie. Lothar, noch immer eine seltsam kindlich-eckige Handschrift schreibend, machte wichtige Erfindungen auf dem Gebiet der Hochfrequenztechnik und erwarb, wie nebenbei, nach und nach an die zweihundert Patente.
Im Zweiten Weltkrieg wurde er zwar nicht eingezogen, wohl aber eingesteckt. Dabei erwischt, drahtlose Nachrichtenverbindungen zwischen aktiven Widerständlern herzustellen, wanderte er ins KZ. Seine Erfindungen waren für die Flugsicherung so entscheidend, daß er dort weiterarbeiten mußte, den bewaffneten Bewacher neben sich. Wiederholt kam er in Situationen, bei denen es ihm zwischen den Schulterblättern kühl herunterlief und er sich auf gut kölsch sagte: »Dat is es nu.« Als er das eigene Todesurteil zu Gesicht bekam, setzte er alles auf eine Karte, klaute einem SS-Bewacher die Dienstpistole und fuhr im Wagen des Kommandanten, die Mündung im Nakken des SS-Chauffeurs, aus dem Tor. Er kam durch, weil der Krieg gerade aus war, arbeitete weiter, machte neue Erfindungen, entwickelte neue Geräte. Die Garage erweiterte sich zum Gebäudekomplex, er hatte Hunderte, später Tausende von Arbeitern; Leuchtschrift trug seinen Namen und den seines Studienkollegen hinauf über

Münchens Dächer, sein Briefkopf schwoll von Ehrentiteln. In einem Trümmergrundstück, an dem er oft vorbeigeradelt war, baute er sich auf den einstigen Grundmauern die Villa wieder auf, bewohnte sie mit einer grimmigen Wirtschafterin und einem Hund. Er ging im Fasching auf viele Feste. Auch dort warf er mit den Zahlen um sich, selber am Erstauntesten darüber, was er alles geschafft hatte. In der Bar im Haus der Kunst geriet er an eine Blondine mit blauen Augen, die ihn herunterputzte. »So geben Sie doch nicht so gräßlich an! Haben Sie's denn nötig?« sagte sie. Verblüfft schickte er ihr eine geziemende Anzahl Rosen und heiratete sie so bald als möglich. Glanz und Leben zogen in die etwas bürgerlich verstaubende Villa ein, Gäste kamen und teilten seine Freude an gutem Essen und gutem Klavierspiel. Er selber war sein bester Gast, saß in einer Sofaecke, verbreitete Gemütlichkeit und Zigarrenrauch. Einer der genießenden Besucher war ich.

Wir haben seitdem den berühmten Scheffel Salz miteinander gegessen. Lothar, ein vielfacher Millionär, bleibt für mich Gegenstand des Staunens und der Neugier. Ich habe stets gedacht, so jemand sitze an der Riviera in der Sonne oder sammle Rembrandts. Lothar ist ein schwer arbeitender Mann, steht früh auf, liest den Wirtschaftsteil mehrerer Zeitungen und erfährt gelegentlich noch vor dem ersten Schluck Kaffee, daß er seit gestern seinen Arbeitern wieder mal mehr zahlen darf. Er muß vorausdisponieren, sich schon heute die Sorgen vom nächsten Jahr machen. Er möchte gerne mit Technischem herumbasteln, aber er muß verwalten. Was leicht und glatt geht, erledigen seine Herren, Ärger und Schwierigkeiten aber landen mit Sicherheit auf seinem Schreibtisch. Mittags, wenn er zum Essen heimkommt, sieht er schon zehn Jahre älter aus als morgens. Vor Tisch übt er schnell noch ein wenig Klavier – meist immer noch Chopin –, es geht jetzt schon schwerer, er muß sich anstrengen, bei verzwickten Läufen streckt er die Zunge heraus. Er fährt einen riesigen Wagen, doch er kann ihn wochentags, wenn die Straßen leerer sind, nicht dazu benutzen, Ausflüge zu machen, denn dann muß er in die Fabrik. Er kann nicht Urlaub machen, wann er will. Er hat einen Dauerflugschein als V. I. P. (Very Important Person) und kann damit nach Afrika und Amerika fliegen, aber nicht zu seinem Vergnügen. Die großen Industriekapitäne sprechen sich mit ihm aus. Was er hört, freut ihn nicht. Von je höher oben er Einblick gewinnt, desto mehr berechtigte Sorgen macht er sich. Viele seiner Stoßseufzer beginnen mit: »Es ist doch eigentlich toll, wenn man bedenkt, was für einen Unsinn die Menschheit anrichtet... Da denkt jeder nur bis zum Ende der Legislaturperiode, keiner ans Jahr 3000. Was soll aus den kommenden Generationen werden, wenn die wissenschaftlich-technische Fortentwicklung einen Punkt erreicht hat, wo sie nicht mehr zu steuern ist? Wenn der Mensch zu technischen Entdeckungen kommt, die er selber nicht mehr begreift?« Lothar, der Physiker, hält den Menschen für eine destruktive Größe. »Weißt du was«, sagt er, »in hundert Jahren, wenn wir bereits auf dem Mond spazierengehen, wird das Hauptproblem hier auf der Erde das Wasser sein! Das Wasser ist verunreinigt, verwirtschaftet worden, der Wasserhaushalt durch Rodungen gestört. In solchen Dingen machen die Regierungen sämtlicher Länder Dummheiten wie Vierjährige.«

Manchmal wacht er schon früh um fünf auf und grübelt, wie man all dies abwenden, was man noch retten, wie man sich gegen alle Wechselfälle noch besser absichern könne. Denkt er an Deutschland in der Nacht, so ist er ebenso um den Schlaf gebracht wie weiland Heinrich Heine. Bei Tage jedoch ist er tätig, liest Börsenberichte wie ich Kochrezepte, rechnet im Kopf mit der Geschwindigkeit eines Computers sämtliche Möglichkeiten eines Geschäfts durch. Er, der behauptet, ein Erfinder von sechzig Jahren sei in unserer rasant sich entwickelnden Zeit ein Unding, hat mehr neue Ideen für die Entwicklung der Fabrik und ihrer Produkte, als ein einzelnes Werk verkraften kann, alle von genialer Einfachheit, wie einst das angetetschte Ei des Columbus.

Er läßt sein Geld arbeiten, hecken, jungen. Wie alle reichen Leute ist er mißtrauisch gegen Nepp, gegen Angezapftwerden (drei Viertel seiner Post bestehen aus mehr oder minder verblümten Bettelbriefen) und gleicht in seinen Geschäftsgrundsätzen (»Immer nur die Hälfte von dem ausgeben, was eingeht!«) und seiner Bedürfnislosigkeit unseren Großvätern. Auch ihm ist Vergeudung, übertriebene Repräsentation, Snobisterei verhaßt, und er begreift so wenig wie ich, wie einer auf Kredit auf die Pauke hauen kann. Er gestattet niemand, sich mit dem zur Mode gewordenen »Das kann ich schließlich von der Steuer absetzen« Sand in die Augen zu streuen. »Erst mal mußt du's aus deiner Tasche bezahlen«, sagt er streng. Er ist ein treuer, anhänglicher Freund, er möchte, daß es all seinen Bekannten gutgeht, freut sich mit ihnen über die kleinste Aufwärtsbewegung in ihrem Budget, spornt sie an (»Die ersten hunderttausend sind die schwersten!«), berät und ermutigt sie. Er weiß, daß er manchmal beneidet wird, und vergleicht sich mit einem, der am Fluß sitzt und zu dem man sagt: »Sie haben aber viel Wasser hier.« – »Bei dem fließt nämlich auch alles nur durch«, meint dieses Lieblingskind der Steuerbehörde.

Im Grunde ist er pessimistisch. Er glaubt nicht an Konjunkturen, an Regierungsversprechen, an ein dauerhaftes Glück. Den Augenblick aber weiß er zu genießen. Außer seinem Lausbubencharme hat er sich die Dankbarkeit für kleine Dinge bewahrt: für einen Spaziergang, Gulasch auf der Alm, Sonnenuntergang, einen stillen Abend, den er halb liegend vor dem Fernsehapparat verbringt (seine Frau krault ihn hinter den Ohren, er seinerseits krault den Hund). Für das Behagen an der Gegenwart sollte er mehr Zeit haben. Schon melden sich hie und da ein paar Zipperlein, die anzeigen, daß auch seine Sanduhr rinnt. Doch nun geht es ihm wie dem Fährmann in der Sage: Solange keiner kommt, der ihm das Ruder aus der Hand nimmt und ihn ablöst, kann er seine Arbeit nicht im Stich lassen. Noch ist keiner gekommen.

Tatjana Gsovsky

Tatjana sei, sagte das junge Ding, das mir zum erstenmal ihren Namen nannte, eine russische Fürstin, die zum Zwecke der Flucht aus der Sowjetunion einen Ballettmeister geheiratet habe und von diesem bei Nacht und Nebel über die Grenze geschafft worden sei (die Juwelen im Mantelsaum eingenäht, versteht sich). Mir gerann das Erzählte zu einem jener Bilder im Stil ›Washington überquert den Delaware‹ und ›Königin Victoria auf der Jagd‹, die in alten Häusern überm Waschtisch hängen. – Tatjana, sagte mir kurz darauf ein Mann und pfiff leise durch die Zähne, sei ein Ausbund charmantester Verruchtheit, habe so ziemlich jedes Laster mindestens probeweise ausgeübt und stamme von Zigeunern ab. Außerdem sei sie eine hervorragende Tänzerin und vor allem Choreographin.

Mitten im Krieg in einer fremden Stadt lernte ich Tatjana kennen. Ich geriet während einer Probe in den dunklen Zuschauerraum einer Oper. Auf der kahlen, riesigen Bühne kommandierte eine überschlanke Frau mit schwarzen Drahtlocken, in einem staubigen Trainingsanzug, ein Gewirr von Tanzenden. Man arbeitete seit Stunden.

»Kinder«, rief sie, »noch einmal von vorne das Ganze!« Danach kam »noch ein letztes Mal«, »ein allerletztes Mal« und schließlich »bei Gott! ein allerletztes Mal«. Die schweißglitzernden, erschöpften Jugendlichen wußten, daß nach dem »bei Gott« bei Tatjana nichts mehr kam, rissen sich zusammen und gaben sich noch einmal Mühe. Mit hängenden Schultern, Frottiertüchern um den Hals, sammelten sie sich zu einer Lagebesprechung um ihre Lehrmeisterin, dann war es für heute vorbei.

Tatjana kam herunter ins Parkett und begrüßte, was sich dort eingefunden hatte. Nach einer Minute hätte ich nicht mehr sagen können, ob sie schön war oder nur das, was unsere Großeltern als »frappierend« bezeichneten. Sie war zwischen zwanzig und fünfzig, und es stimmte sowohl das mit der Fürstin als auch das mit der Zigeunerin, man sah es sofort. Der Fürst mochte die zigeunerische Großmutter Tatjanas verführt haben, wahrscheinlich jedoch umgekehrt. Wenn Tatjana ihre funkelnden schwarzen Augen auf einen richtete, wich man zurück, als sei eine Hochofentür vor einem geöffnet worden. Mir dämmerte, daß ich das Wort »vital« bisher an falschen Stellen vergeudet hatte.

Nachts heulten die Sirenen. Im Luftschutzkeller des Hotels traf ich Tatjana, Cold Cream im Gesicht, die Locken etwas wirrer als sonst, ein Köfferchen neben sich (die Juwelen aus dem Mantelsaum?). Sie erläuterte gestenreich, mit den Fingern auf der Tischplatte einen Pas de deux andeutend, einem verschlafenen Regisseur, wie sie sich die Choreographie ihres nächsten Balletts dachte.

Bei dessen Uraufführung – etwa anderthalb Jahre später – meinte ich Tatjana schon genügend zu kennen, um sämtliche über sie umlaufenden Geschichten zu glauben und respektvoll meine allzu bürgerlichen Maßstäbe etwas abzuändern. Obwohl sie am Abend der Generalprobe den männlichen Hauptdarsteller öffentlich ermahnt hatte, sich gefälligst die Haare zu waschen und seiner Frau den abscheulich getönten Nagellack zu verbieten, war der keineswegs beleidigt. Die Autorität hatte gesprochen. Die Aufführung wurde übrigens ein triumphaler Erfolg, es gab unzählige Vorhänge, der Staub von Generationen wurde von Fanatikern aus den Logenteppichen getrampelt und Tatjana allerseits geküßt: auf offener Bühne, hinter dem Vorhang, vor dem Vorhang und später in den Garderoben. Zu ihren vor Glück schluchzenden Schülern und Schülerinnen, die sie zum Ruhm hinaufgeschunden hatte, sagte sie nur: »Das haben wir hingekriegt, Kinder, was?« (Wer genau zuhörte, entdeckte noch einen Hauch von russischem Akzent.)

Bei der Nachfeier fand ich sie frierend unter einem Pelz auf der Couch. »Man ist so ausgenommen wie nach einer Geburt, wenn die Arbeit vorbei ist. Ich kann es nicht erwarten, daß eine neue anfängt. Wo ist der junge Mann, der mir gestern von seinen Ballettplänen gesprochen hat? Er soll sich zu mir setzen.«

Vor einigen Jahren kam Tatjana, die das Hamlet-Ballett in einer Hansestadt einstudiert hatte, nochmals, um nach dem Rechten zu sehen. Ich traf sie nach der Aufführung im Opernrestaurant. Sie trug ein atembeklemmend enges Kleid, in dem sie aussah wie ein Taschenmesser in einem Brokatfutteral. Sämtliche anwesenden Damen wirkten neben ihr sofort wie Kolossalstatuen. Sie war gänzlich unverändert. Die Tänzer kamen, im Straßenanzug, abgeschminkt, überraschend klein von Statur, mit Applaus empfangen.

Sehr aufrecht am Tisch neben mir sitzend, sagte sie jedem ein paar Worte. Den Darsteller von Hamlets Stiefvater hielt sie zurück. »Ich fürchte«, sagte sie, »du weißt nicht genau, was du tanzt. Du hast dein Königtum usurpiert, verstehst du, du bist kein Gesalbter wie Hamlets Vater. Du tanzt also den Konflikt zwischen Krone und Kreuz. Davon habe ich aber nichts gemerkt. Noch bist du gut, aber wenn du so weitermachst, wirst du bald völlig leer sein. Liest du eigentlich manchmal ein Buch?« Der Tänzer, eben noch Wunschbild und Halbgott, wechselte graziös das Spielbein und blickte, ein gescholtener Schulbub, demütig seine Nase hinunter. Über den Rand der Tasse sagte sie beiläufig zu mir: »Berühmt sein, das wollen sie alle, aber an sich arbeiten...«

Kürzlich verlautete, Tatjana habe sich von der Bühne zurückgezogen. Ich glaube kein Wort, ehe ich das »bei Gott! zum allerletzten Mal« nicht persönlich von ihr gehört habe.

Henry von Heiseler

Als ich Henry von Heiseler zum erstenmal begegnete, war ich acht Jahre alt. Bis dahin hatte ich ihn nur von weitem vorübergehen sehen, einen außergewöhnlich schönen, hochgewachsenen Mann, vor dessen gütig-spöttischem Blick ein Kind sich genierte. Nun aber durfte ich dabei sein, als er aus eigenen Werken vorlas. Nie wieder habe ich jemanden so gut vorlesen hören.

Ich wußte wenig von ihm, nur daß er aus Rußland stammte und doch Deutscher war, wie meine Eltern auch, und daß er erst vor kurzem aus langer, schlimmer Gefangenschaft zu seiner Familie heimgekehrt war, in das große, alte Bauernhaus am Berghang. Der Eindruck, so meinte ich, der mich bei dieser Lesung bis zu Tränen erschütterte, gehe von seiner persönlichen Ausstrahlung aus, oder von der Atmosphäre seines Hauses. Später merkte ich, daß das nur ein Teil der Wahrheit gewesen war. Ein anderes Mal sah ich ihn in einem von ihm übersetzten Stück von William Butler Yeats die Hauptrolle spielen und fand, es sei gut, daß er gerade dieses Stück übersetzt habe. Es war seinen eigenen in gewisser Weise ähnlich, voller Geheimnisse und Verheißung, die handelnden Personen vertraut mit Engeln, Irren, fahrenden Sängern und Königen.

Es wunderte mich nicht, zu erfahren, daß er auch Puschkin übersetzte. Wer konnte besser als er Russen und Deutschen beibringen, was am anderen liebenswert war, und so eine Brücke aus Geist und Sprache zwischen ihnen bauen. Für meinen achtjährigen Kopf schien es in seinen Gedichten auch deutlich ausgesprochen, daß es für musische Menschen zwischen den Völkern keine Grenzen geben müsse. Hieß es nicht:

> *Wo steht der Himmel, dessen Kind ich*
> * bin?*
> *Nur einen seh ich, er schließt alles ein.*

Und an anderer Stelle:

> *In weitem Kreis, in dem die Welten*
> * schwingen*
> *Und ohne Grenzen wohnst du überall.*

Es war einleuchtend und beruhigend und bestätigte mir, was ich daheim bei den Eltern erfahren hatte.

Als ich entdeckte, daß seine Faszination von seiner Sprache ausging, aus der die Poesie emporschlug wie die Flamme aus den Köpfen der Apostel, als ich seltsam mühelos alles auswendig behielt, was er geschrieben hatte, hätte ich ihn vieles fragen mögen. Es ist nicht mehr dazu gekommen. Im Jahre 1928 ist er gestorben.

Als ich zwölfjährig wieder nach Vorderleiten kam, stand über seinem Grab am Bergkirchlein St. Margarethen die Verheißung aus seinen ›Drei Engeln‹:

*Und du wirst dich vollenden, wie Gott
dich wollte.*

Vergeblich hatte eine Bäuerin nach diesem tröstlichen Spruch die ganze Bibel durchsucht.

Das Haus aber bewahrte mit Treue und Ehrfurcht, was er hinterlassen hatte. Alle Räume waren und sind bis heute erfüllt von seiner Gegenwart. Im großen Saal spielten wir Theater; wir führten seine Dramen auf, fast ohne Szenerie, ohne viel Kostümaufwand. Sein sicherer Instinkt für das echte Drama machte auch bei unseren ungeschickten Bemühungen deutlich, was er gewollt hatte. Die kleine Gemeinde derer, die ihn kannten und schätzten, wuchs.

Nicht viel von dem, was man in der Jugend anschwärmt, hält später stand. Was Henry von Heiseler dem für Verse hellhörigen Kind mitzugeben hatte, ist im Lauf der Jahre mit mir gewachsen, hat ein Maß gesetzt, einen Ton angeschlagen, der noch fortklingt. So wie die Maler nur malen, um uns beim Betrachten der Dinge ein Paar Augen dazuzuschenken, so sind mir und manchen Menschen, denen ich aus seinen Dramen vorlas, zwei Ohren mehr gewachsen.

Viele Leute meinen, Verse seien etwas Ausgefallenes, ein Luxus, etwas für stille Stunden, die wir Heutigen uns nicht leisten könnten. Meine Erfahrung ist anders. Verse sind kein Konfekt, sondern Nahrung wie das Brot, und unter Umständen eiserne Ration. In vielen Stunden, die mich verwirrt und ängstlich fanden, habe ich mir Henry von Heiselers Zeilen aufgesagt:

*Doch ein geheiligter Rat
Läßt seine Ordnung nicht brechen.*

*Aus den zerrissenen Flächen
Steigt um so reicher die Saat.*

*Wohnlich erneut sich das Haus
Ruhig verrinnen die Tage
Und auf der ewigen Waage,
Wiegen die Dinge sich aus.*

Wie oft in verzweifelter Nachkriegszeit hat das Wort des Torwarts aus der ›Magischen Laterne‹ mich zuversichtlich gestimmt:

> *Der nächste Mensch, der nächste Stein*
> *und Baum*
> *Der nächste Wind kann dir Gutes bringen*
> *Denn Auf und Ab, so hat es Gott bestellt.*

Und noch immer höre ich bei Kirchengeläut die Stimmen der Glocken sagen:

> *Die Stunde der Hoffnung ist immer und*
> *immer*
> *Der Ort der Hoffnung ist überall.*

Ich bin jetzt literarisch beschlagener als damals, ich kann erkennen, wie sehr die mit-leidende, kindhafte Annuschka im ›Grischa‹ den Gestalten Dostojewkis und Tolstois gleicht. Ich sehe, daß in den ›Kindern Godunofs‹ die Liebe nicht nur den Tod, sondern auch die Schuld überwindet, daß es also ein zutiefst christliches Drama ist, ohne auch nur einen Hauch von Dogmatischem. Ich kann die schlichte, königliche Anmut in Henry von Heiselers Versen noch immer nicht erklären. Vielleicht ist es nicht nötig, sie zu erklären. Vielleicht genügt es, festzustellen, daß sie mir mit den

Jahren immer mehr zum Trost werden in einer un-heilen Welt. Ich habe wohl als Kind recht empfunden: sie bedeuten Versöhnung, nicht nur zwischen Rußland und Deutschland, Versöhnung auch mit dem, was uns auferlegt ist, und mit der Tatsache, daß wir sterben müssen. Ich wüßte keine Zeit, in der man das notwendiger brauchte als in der unsern.

Erbslöh

Von den vielen Onkeln meiner Kindheit war nur einer unentbehrlich, und der war gar nicht mit uns verwandt: Adolf Erbslöh, Freund Kanoldts, Freund Meyrinks, Mitglied der Neuen Sezession, Original und Weltmann, Zigarrenraucher mit großer Hornbrille. Er hatte seinen Platz am Teetisch der Eltern, und ich lachte schon über seine Witze, ehe ich sie verstand. Er war ein brillanter Erzähler; jeder Dialekt, jede Nuance einer fremden Sprache, jede Anekdote war bei ihm in den besten Händen, jede Pointe saß wie ein Schuß. Ich meinte, er müsse Musiker sein, weil er soviel von Musik sprach, auch wohl den Teller zurückschob und auf dem Tisch trommelte, wie welcher Dirigent welches Tempo nahm. Und dabei hingen die von ihm gemalten Porträts an der Wand und einige seiner beinah kristallinisch stilisierten Landschaften. Später merkte ich, daß von seinen schweren und zugleich leuchtenden Farben Trauer ausging, ja, daß er wie so viele sprühende Humoristen im Grunde ein melancholischer Mann war, streng mit sich und seinen Bildern, mißtrauisch gegen das eigene Talent. Er sprach niemals von sich, jedoch mit beträchtlichem Feuer von anderen, warb für sie, setzte sich für sie ein, half ihnen, oft ohne daß sie es erfuhren. Als ein Kunstsalon ihn aufforderte, seine Bilder auszustellen, lehnte er mit dem Bemerken ab, sie sollten lieber Jawlensky zeigen, das sei wichtiger.

Als ich noch den Muff an einer Kordel umhängen hatte, saß ich ihm in seinem Atelier und bekam dafür alle Viertelstunde ein Stück von der Schokolade, die unter meinem Stuhl wartete. Er trat an der Staffelei vor und zurück und musterte mich mit zusammengekniffenen Augen. Trotzdem sah er mich nicht, ich konnte ihm Grimassen schneiden wie dem Löwen, der durch mich hindurch auf den im Hintergrund rumorenden Wärter schaut.

Ich wuchs. Der Strich im Rahmen der Eßzimmertür, an der man mich maß, geriet immer höher. Erbslöh blieb der gleiche interessante Onkel. Nie kniff er mich in die Wange, nie fragte er mich, wie ich in der Schule stünde, nie ließ er mich ausrechnen, wann zwei Radfahrer zusammentreffen, die gleichzeitig aufbrechen, jedoch verschieden schnell fahren. Er fragte vielmehr: »Wenn du im Bett weinst, weinst du dann nach vorn oder nach hinten?« oder: »Haben bei dir die Wochentage auch Farben? Bei mir ist der Mittwoch gelb!« Und wie ernstgenommen fühlte ich mich, wenn er mit beiden Händen einen Rahmen in der Luft formte und sagte: »Bleib mal so stehen! Prachtvolles Blau, dein Kleidchen!« Nie dünkte mich die Welt der Erwachsenen erstrebenswerter, als wenn er da war. Wer wollte nicht auch groß sein, wenn Furtwängler derart Bruckners Siebente dirigierte, Zdenka Faßbender eine solche Elektra sang, Sacharoff und Clothilde von Derpp tanzten, Karl Valentin grantig-philosophische Aussprüche tat, die Erbslöh genüßlich mehrfach vor sich hinsprach, wobei er mit der Zigarre steuernde Bewegungen machte. Irgendwann einmal erwähnte er seine Malerei und sagte, sein stärkstes künstlerisches Erlebnis sei jedes Jahr, »unser herrlicher, ernster, dunkelleuchtender deutscher Sommer« mit den vielerlei Grün und den violetten Schatten. Ich vergaß es nie, obwohl ich Wald und Gebüsch nicht so sah wie er. (»Erkennt, Freunde, was Bilder sind, das Auftauchen an einem anderen Ort«, schreibt Franz Marc.) Erbslöh lehrte mich, eine Landschaft mit schiefgelegtem Kopf oder durch die gespreizten Beine zu betrachten, dann sehe man die Valeurs deutlicher. Es stimmte, ebenso wie der Ausspruch, daß mit Leuten, die nicht auch einmal richtig albern sein könnten, irgend was verkehrt sei. Er war spontan wie ein Kind. »Gott, wie fürchterlich«, rief er, durchs Fenster blickend, »da kommt ja wieder dieses total verzeichnete Ehepaar!« Er schlug seinem Sohn am Klavier auf die Finger und fragte: »Was heulste denn, es soll dir Freude machen!« Als er an ländlichem Strand einen Freilichtakt malen wollte und an die Anstandsvorstellungen der Bauern gemahnt wurde, meinte er: »Unsinn! Bei Malern gibt's doch gar keinen Anstand!« Er hielt eine Eiche für einen Birnbaum, zerstörte in hilfloser Ungeduld kniffliges technisches Gerät, kannte aber jedes Buch von Belang und hatte eine große Konzertplattensammlung. Entdeckte er einen besonderen Menschen, so lud er ihn zu sich ein, aber mit allen denen zusammen, die für den Gast wichtig waren, denen dieser etwas geben konnte und umgekehrt. In seinem Haus haben sich Künstler aller Gattungen kennengelernt, haben sich Wege gekreuzt und Begegnungen vollzogen bei einem leichten Mosel und ein paar Käsestangen. Was würde er von der heutigen Gastlichkeit halten, bei der es alle zwei Stunden etwas anderes zu essen gibt, bei der man aber seine Miteingeladenen nicht kennenlernt?

Als Erbslöh ins Isartal, meine Eltern nach Paris zogen, trennten sich die beiden Familien schwer und ungern. In den dreißiger Jahren kam Erbslöh im Sommer noch oft zu uns an den Chiemsee, per Rad, im Rucksack ein frisches Hemd, Zeichenkohle, eine Flasche Eau de Cologne und einen Band Schopenhauer. Dessen böses Wort von der

»schlechtesten aller Welten« zitierte er des öfteren in seiner Verzweiflung über das Unglück Deutschlands, erzählte aber die neuesten politischen Witze mit dem gewohnten Feuer. Zu meiner Hochzeit sollten nur engste Verwandte kommen. Wie sollten wir ohne Erbslöh feiern? »Weißte, Sascha, du sagst einfach, unsere Großväter seien Stiefzwillinge gewesen«, schlug Erbslöh vor.

Krieg und Nachkrieg verhinderten das Wiedersehen. Erbslöhs Herzleiden verschlimmerte sich rasch, er starb, ohne daß wir zu seiner Beerdigung fahren konnten. Wir sprachen weiter von ihm, zitierten ihn, lachten über ihn. Er blieb gegenwärtig. Er ist es noch. Zwölf Jahre nach seinem Tod fragte Papa, der den Zusammenhang mit der Realität verloren hatte: »Warum kommt Erbslöh nicht?« Vielleicht war diese Freundschaft schon damals ein Anachronismus, etwas, das im Wilhelm Meister stehen könnte. Meine Ahnung, daß es für mich niemanden geben werde, wie es Erbslöh für die Eltern war, hat sich bestätigt.

Clemens oder das jüngste Gericht

Erst mehrere Monate, nachdem Clemens den Freunden geboren worden war, fuhren wir zu ihnen, um seine Ankunft zu feiern. Im Kinderzimmer war die Lampe auf den Fußboden gestellt, um nicht zu blenden, und warf drei nicht geheure, zur Decke umgebogene Schatten die Wände hinauf. Drei schweigende Frauen saßen um das Bettchen, von denen die junge Mutter flüsternd behauptete, sie hießen Frau Eich, Frau Aichinger und Fräulein Eichhorn. Das klang nach einem Gedicht von Morgenstern (wahrscheinlich handelte es sich trotzdem um Feen) und bereitete mich auf eine Bekanntschaft vor, die bis heute etwas Unalltägliches geblieben ist.

Als ich an das Körbchen trat und auf Clemens niedersah, stellte ich fest, daß er keineswegs schlief, obwohl die vorsichtigen Eltern die Klinke ganz behutsam niedergedrückt hatten und wir auf Zehenspitzen schlichen. Er musterte mich auf amüsierte, hellwache Weise, als wisse er etwas über mich, das ich bisher allen Menschen verschwiegen hatte. Was die viel zu großen Augen von dem winzigen Gesicht übrigließen, war nicht nach irdischen Ähnlichkeiten zu untersuchen. Ich erschrak vor Entzücken und fing prompt an, Clemens zu lieben. Er ließ mir Zeit, mich wieder zu fassen, indem er den Blick auf eine in seiner Augenhöhe angebundene Klapper richtete. Ohne alberne Winkespielchen, die sich bei ihm verboten, zog ich mich zurück. Clemens war – es hatte nichts mit seinen außergewöhnlichen Eltern, nichts mit den ihn umsitzenden Parzen zu tun – ein Wesen, das sehr wohl auf einem Seerosenblatt hergeschwommen oder in einem Baumnest gehcckt sein konnte.

Clemens entwickelte sich, bekam Zähne, warf mit Bauklötzen, lernte laufen. Ihm wuchsen keine Flügel, keine Faunshörnchen. Er trug den Schulranzen wie die anderen, rodelte, lernte lesen und schreiben. Dies letztere kam mir für ihn irgendwie überflüssig vor.

Wenn ich ihn wiedersah – es lagen oft Jahre dazwischen –, erschrak ich immer noch, wenn er mich intensiv und zugleich etwas gleichgültig ansah. Automatisch murmelte ich, wie groß er inzwischen geworden sei. Im Grunde war mir immer, als solle er mich beurteilen und nicht ich ihn. Er umarmte mich zärtlicher, als Buben seines Alters es tun, doch er sagte im Eifer des Gesprächs von mir »die da...« und lehrte mich damit, daß mein Name, diese zufällige Formel und Lautzusammenstellung, nicht wirklich zu mir gehört, sondern etwas Fremdes, Aufgepropftes ist.

Er zeigte mir seine Spielsachen, erzählte mir, was die Katze anstellte, erzählte von einem aus seiner Klasse, der »Wurst« vorne mit einem Vogelvau geschrieben habe, oder eine Geschichte aus dem Nachbarhaus, der die Pointe fehlte, ohne daß ich sie vermißte. Wenn Gäste im Hause waren, ging Clemens besonders ungern ins Bett und verstand seine Eltern dadurch zu überlisten, daß er sich in staubigen, verrutschten Söckchen (»Schau, ich hab' ja schon die Schuhe aus...«) auf der Sessellehne des Gastes lagerte oder später im Schlafanzug noch einmal zurückkehrte und sich diskret im Hintergrund mit einem Buch auf den Teppich legte. Ein ganz normaler Junge, auf einem Seerosenblatt gefunden, in einem Baumnest gehockt, aus dem Brunnen geschöpft.

Als ich neulich zu seinen Eltern kam, sprachen wir nur das Notwendigste über das Auto und die Katze und ein Puppentheater, weil Clemens gleich sagte: »Komm, wir gehen hinauf« und sich mir mit einem Schreibblock gegenübersetzte. Draußen war es schon dunkel, und vor der schwarzen Fensterscheibe sah er zugleich groß und klein aus, der Clemens.

»Alter?« fragte er, »Farbe der Augen? Lieblingsland?« Kommentarlos notierte er, ohne zu lächeln. Sein ernsthaftes, geneigtes Gesicht bekam Familienähnlichkeit mit dem streng nach unten deutenden Engel auf Michelangelos Jüngstem Gericht. Während ich »blaugrün« erwiderte und »England«, hörte ich den Posaunenton der anderen Fragen, deren Chiffren Clemens aussprach, und bekannte schweigend, daß ich meine Sache nicht gut gemacht hatte, daß ich gekämpft hatte, aber zu zaghaft, geliebt, aber zu wenig, und auf den mir anvertrauten geraden Linien krumm und flüchtig geschrieben. Gerade, als mir klar wurde, daß es zu spät sei, noch einmal von vorne anzufangen, legte Clemens den Bleistift weg, blinzelte zerstreut, packte das Interview zu seiner Sammlung und schlug ein anderes Spiel vor.

»Isabella Nadolny ist eine Moralistin der Lebensweisheit, eine Herzdame der Literatur.«

Albert von Schirnding

Ein Baum wächst übers Dach

Roman.
336 Seiten, gebunden.

Seehamer Tagebuch

336 Seiten, gebunden.

Vergangen wie ein Rauch

Geschichten einer Familie.
288 Seiten, gebunden.

LIST

Isabella Nadolny
im dtv

Foto: Klaus Bäulke

Ein Baum wächst übers Dach
Roman
dtv 1531 / dtv großdruck 25058

Ein Sommerhaus an einem der oberbayrischen Seen zu besitzen – wer würde nicht davon träumen? Für die Familie der jungen Isabella wurde dieser Traum in den dreißiger Jahren wahr. Doch wer hätte zum Zeitpunkt der Planung und des Baus daran gedacht, daß dieses kleine Holzhäuschen eines Tages eine schicksalhafte Rolle im Leben seiner Besitzer spielen würde?

Seehamer Tagebuch
dtv 1665 / dtv großdruck 2580

Heiter-ironisch erzählt die Autorin in diesem unkonventionellen Tagebuch vom Einzug des ersten Fernsehers in die ländliche Idylle des Seehamer Holzhäuschens, von einer Mittelmeerkreuzfahrt, von Putzfrauen und Handwerkern. Erinnerungen an den Vater werden lebendig, an viele kleine Begebenheiten und Erlebnisse.

Vergangen wie ein Rauch
Geschichte einer Familie
dtv 10133

Als einfacher Handwerker aus dem Rheinland ist er einst zu Fuß nach Rußland gewandert und hat es dort zum Tuchfabrikanten gebracht, in dessen Haus Großfürsten und Handelsherren, der deutsche Kaiser und der russische Zar zu Gast waren: Napoleon Peltzer, der Urgroßvater des Kindes, das ahnungslos die Porträts und Fotografien betrachtet, die in der Wohnung in München hängen.

Providence und zurück
Roman
dtv 11392 / dtv großdruck 25074

»Zuhause ist kein Ort, zuhause ist ein Mensch, sagt der Spruch, und es ist wahr. Hier in diesem Sommerhaus war kein Zuhause mehr seit Michaels Tod ...« In ihrer Verzweiflung über den plötzlichen Tod ihres Mannes folgt Isabella Nadolny einer Einladung in die Staaten. Von New York über Boston bis Florida führt sie diese Reise zurück zu sich selbst.

Lillian Beckwith
im dtv

»Wenn eine unerschrockene Britin sich in die Hebriden verliebt, kann sie bücherweise davon berichten. Wie Lillian Beckwith, die damit der urigen Inselwelt ein herrliches Denkmal setzt.« (Hörzu)

In der Einsamkeit der Hügel
Roman · dtv 11648

Eigentlich wollte »Becky« sich auf einer Farm in Kent erholen. Doch in letzter Minute kommt ein Brief von den Hebriden, der schon durch seine sprachliche Eigenart das Interesse der Lehrerin weckt. Aus der Erholungsreise wird ein Aufenthalt von vielen Jahren auf der »unglaublichen Insel«. – »Nur wer die Landschaft und die Bewohner der Inseln so intensiv kennengelernt hat, kann ein solches Buch schreiben. Die Marotten der Bewohner, deren Gastfreundlichkeit werden so liebevoll geschildert, daß es ein reines Lesevergnügen ist, ihren Wegen zu folgen.« (Hannoversche Allgemeine Zeitung)

Die See zum Frühstück
Roman · dtv 11820

»Sie werden nur Schafe zur Gesellschaft haben.« Diese Warnung hält Lillian Beckwith nicht davon ab, ein seit Jahren leerstehendes Cottage zu erwerben. Mit wahrer Begeisterung stürzt sich die »Aussteigerin« in die Renovierung ihres Besitzes und in das Leben einer Inselbewohnerin ...

Auf den Inseln auch anders
Roman · dtv 11891

»Miss Peckwitt«, die auf den Hebriden ihre zweite Heimat gefunden hat, führt ein Leben, das bestimmt ist von Winterstürmen, Sommermücken, launischen Brunnen und anspruchsvollen Kühen. Vor allem aber sind es die eigenwilligen Charaktere und besonderen Gepflogenheiten der Inselbewohner, die ihr Stoff zu immer neuen Geschichten liefern...

Alle Romane wurden ins Deutsche übertragen von Isabella Nadolny.

Penelope Lively
im dtv

»Was mich interessiert«, sagt Penelope Lively, »ist das Gedächtnis, die Art und Weise, wie Menschen und Landschaften aus Erinnerungen zusammengesetzt sind.«

Foto: Jerry Bauer

Moon Tiger
Roman · dtv 11795

Das Leben der Claudia Hampton wird bestimmt von der Rivalität mit ihrem Bruder, von der eigenartigen Beziehung zum Vater ihrer Tochter und jenem tragischen Zwischenfall in der Wüste, der schon mehr als vierzig Jahre zurückliegt. Allerdings ist nichts in diesem Leben wirklich vergangen. Alles ist Gegenwart: Kindheit und Krieg, Ägypten, England, die ganze Welt und ihre Geschichte. »Ein nobles, intelligentes Buch, eins von denen, deren Aura noch lange zurückbleibt, wenn man sie längst aus der Hand gelegt hat.«
(Anne Tyler)

Kleopatras Schwester
Roman · dtv 11918

Eine Gruppe von Reisenden gerät in die Gewalt eines größenwahnsinnigen arabischen Machthabers. Unter ihnen sind der Paläontologe Howard und die Journalistin Lucy, Skeptikerin und Nonkonformistin von Kindheit an. Vor der grotesken Situation und der Bedrohung, der sie ausgesetzt sind, entwickelt sich eine ganz besondere Liebesgeschichte ...

London im Kopf
dtv 11981

Der Architekt Matthew Halland, Vater einer Tochter, geschieden, arbeitet an einem ehrgeizigen Bauprojekt in den Londoner Docklands. Während der Komplex aus Glas und Stahl in die Höhe wächst, wird die Vergangenheit der Stadt für ihn lebendig. Sein eigenes Leben ist eine ständige Suche, nicht nur nach der jungen Frau in Rot ...